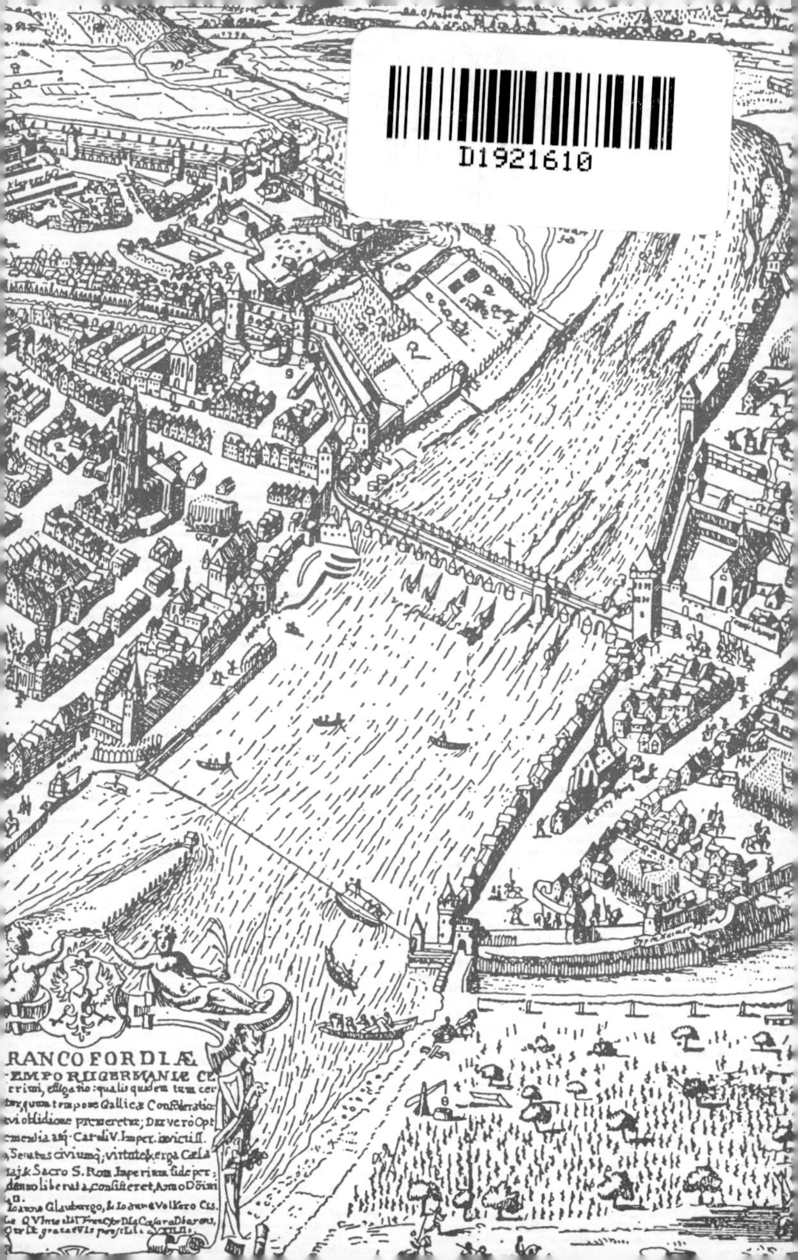
RANCOFORDIÆ
EMPORII GERMANIÆ CE
crimi, effigatio: qualis quidem tum cer
vi oblidione premeretur; Dei verò Opt
Senatus civiumq; virtute & erga Cæsa
maj & Sacro S. Rom Imperium fide per
denuo liberata, consisteret, Anno Dõini
Ioanne Glauburgo, & Ioanne Volkero Css.

FRANKFURTS GESCHICHTE

von

HERMANN MEINERT

IM VERLAG VON WALDEMAR KRAMER
FRANKFURT AM MAIN

Sechste, durchgesehene Auflage 1984.

ISBN 3-7829-0188-6.

Umschlagbild: Die Schiffslände vor der Leonhardskirche. Radierung
von F. W. Delkeskamp nach J. F. Morgenstern (um 1814).
Rückseite: Der Frankfurter Adler am Eschenheimer Turm.
Vorderes Vorsatzblatt: Belagerungsplan
von Konrad Faber von Creuznach (1552).
Hinteres Vorsatzblatt: Stadtplan von Matthäus Merian (1628).
Bildvorlagen: Historisches Museum Frankfurt am Main.
Druck von W. Kramer & Co. Druckerei-GmbH. in Frankfurt am Main.

Inhalt

Stadtansicht mit der Alten Brücke um 1550

Die Entstehung an der Furt des Maines

Es gibt Orte, deren natürliche Lage so beschaffen ist, daß sie zu Mittelpunkten des Verkehrs für die Nähe und die Ferne zugleich fast zwangsläufig werden müssen. Röderberg und Mühlberg nördlich und südlich des Mains haben schon in frühester Zeit erlaubt, trockenen Fußes an den noch ungebändigten Strom der deutschen Mitte heranzukommen. Die Furt an dieser Stelle mußte zur Entstehung einer bedeutenden Siedlung führen, die durch Handel und Wandel, Verwaltung und Kultausübung allmählich zu einer Stadt heranwuchs. War dies einmal im Gange, so steigerte sich die anziehende Kraft des neuen Gemeinwesens in dem Maße, als sein Wirkungskreis nach den entfernteren Teilen Deutschlands und Europas, nach Süd und Nord, nach West und Ost, an Ausdehnung zunahm.

Werden und Wachsen der Stadt Frankfurt unter solchen Vorzeichen haben zur Folge gehabt, daß ihre Geschichte stets in unlösbarer Verflechtung mit den Schicksalen der Länder, Staaten und Völker verlaufen ist, als deren Glied, Nachbar oder Freund sie sich fühlen darf. Frankfurts Geschichte wird immer im besonderen Maße ein Stück deutscher Geschichte sein.

Mithraeum aus Nida (Heddernheim)

Vorgeschichte und Römerzeit

Die Besiedlung der Gegend von Frankfurt reicht weit in die Vorgeschichte zurück. Die bewaldeten Rücken des nahen Taunus und Rheingau-Gebirges schützen vor rauhen Winden; eine mächtige Sonnenstrahlung bringt dem fruchtbaren Boden der benachbarten Lößhöhen reichen Ackersegen. Die weit ausgedehnten Niederungswälder am südlichen Flußufer erlauben Jagd und Holzeinschlag, der Fluß selber den Fischfang. Die in frühgeschichtlicher Zeit ansässigen Kelten mußten im Jahrhundert vor Beginn unserer Zeitrechnung den allmählich vordringenden Germanen weichen. Dann aber kamen die Römer als neue Herren des Landes. Sie schufen sich einen befestigten Grenzwall auf den Höhen des Taunusgebirges, sie gründeten das militärische Verwaltungszentrum „Nida“ in der Gegend der heutigen Frankfurter Vororte Heddernheim und Praunheim. Aber auch an der Mainfurt ließen sie sich nieder. Ausgrabungen der letzten Jahre haben die Spuren ansehnlicher Baulichkeiten mit einer kleinen Kultstätte und Badeanlagen zutage gefördert. Aber unsere Gegend war damals kein Durchgangsgebiet, sondern ein Grenzland hinter dem nahen Limes, der großen Scheide gegen das feindliche Germanien. Die Nachschubstraße der Römer kam von Mainz her und verlief zwischen Main und Gebirge nördlich am heutigen Stadtkern vorbei gegen die Wetterau, die Pforte der aufbrechenden Heere.

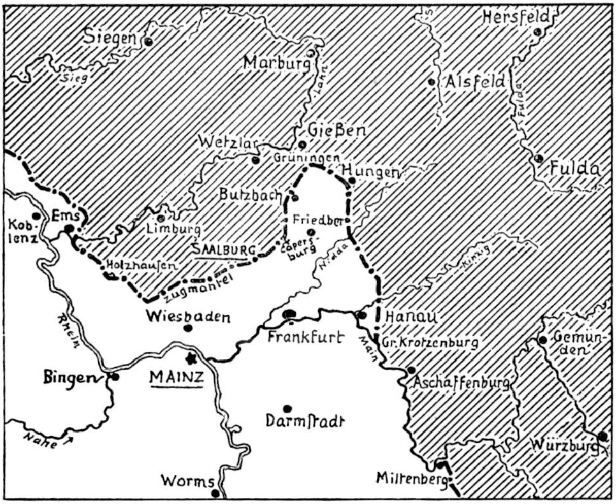

Der Limes zwischen Rhein und Main

Alemannen und Franken

Erst die Vertreibung der Römer durch den Ansturm germanischer Völkerschaften konnte einer anderen Entwicklung Platz machen. Geschichtliche Zeugnisse fehlen auch aus dieser Epoche. Sie beginnt um die Mitte des 3. Jahrhunderts und dauert mehr als fünfhundert Jahre. Nur ein Lichtstrahl dringt in das Dunkel ihrer Überlieferung: das ist der Name unserer Stadt selbst — Frankfurt. Sein Ursprung dürfte mit den Kämpfen in Verbindung stehen, die zwischen den ersten germanischen Siedlern aus alemannischem Stamm und den von Norden und Westen nachdringenden Franken entbrannten und schließlich durch Chlodwigs Sieg um 500 zur Abdrängung der Alemannen nach Südwesten führten.

Welche Bedeutung der Ort an der Mainfurt im Bewußtsein des fränkischen Stammes und von daher in dem Gesamtbewußtsein der deutschen Stämme besessen hat, läßt sich daran ermessen, daß nach der Rechtsüberlieferung des Mittelalters der von den deutschen Fürsten zu wählende König fränkischen Stammes sein mußte; ein aus anderem Stamme Gewählter hatte nach der Wahl sein bisheriges Stammesrecht zu Gunsten des fränkischen Rechtes aufzugeben. So band früheste Gewohnheit die deutschen Königswahlen an diesen Ort, auf den sie erst 1356 durch die Goldene Bulle Kaiser Karls IV. in aller Form festgelegt worden sind.

Karl der Grosse in Frankfurt

Es ist nur ein Mangel der urkundlichen Tradition, daß der Name Frankfurt erst später in schriftlichen Zeugnissen erscheint, als derjenige der heutigen Vororte Bockenheim (767), Rödelheim (788), Ginnheim (772) und Preungesheim (778) sowie anderer Orte ringsum. Denn die erste Erwähnung Frankfurts in der Geschichte zeigt es bereits

Karl der Große mit dem Kirchenmodell am Domchorgestühl (1352)

in einer so überragenden Situation, daß an seiner schon vorher bestehenden Bedeutung als Mittelpunkt der Landschaft kein Zweifel möglich ist. Mehr als dies: der Reichstag, den Karl der Große im Jahre 794 hier abhielt, war ein europäisches Ereignis. Vor den aus allen Teilen des weiten Frankenreichs in der königlichen Pfalz — in aula sacri palatii — versammelten geistlichen und weltlichen Würdenträgern regelte der Herrscher politische Dinge, wie die Absetzung des Herzogs Tassilo von Bayern, aber

Elfenbeingeschnitzter Buchdeckel des Salvatorstifts (um 850)

die eigentliche Bedeutung der glänzenden Versammlung lag darin, daß sie als allgemeines Konzil der Christenheit über Zweifel an der Gottessohnschaft Christi und über die Verehrung von Bildern entschied, wobei sie sich in bewußten Gegensatz zu der vom Papste bestätigten Auffassung des Byzantinischen Reiches stellte. Die Frankfurter Synode von 794 war also ein Glied in der großen Politik des Frankenkönigs, die auf die Gleichberechtigung des westlichen Abendlandes mit dem östlichen Kaisertum hinstrebte. Bei dieser Gelegenheit wird Frankfurt als berühmter Ort — locus celeber, qui dicitur Franconofurd — bezeichnet.

Aus dem Palast Karls des Großen und dem zu seiner Bewirtschaftung dienenden königlichen Kammergut hat sich dann schon unter Ludwig dem Frommen eine echte Residenz entwickelt. Ludwig der Deutsche machte den Ort zur förmlichen Hauptstadt des Ostreiches — principalis sedes regni orientalis. Nahe der karolingischen Pfalz, deren Überreste die Ausgrabungen der letzten Zeit unmittelbar westlich des heutigen Domturmes festgestellt haben, gründete er eine Kirche und ein Stift zu Ehren des Erlösers, die nach einer Reliquie im 13. Jahrhundert den Namen des heiligen Bartholomäus erhielt. In dieser Kirche hat wahrscheinlich auch die Erhebung zweier Könige aus karolingischem Geschlecht stattgefunden: Lothars II. von Lotharingien (856) und Arnulfs von Kärnten (887).

Die Königspfalz Frankfurt

Dem verheißungsvollen Anfang der Pfalzsiedlung in Frankfurt war aber zunächst kein glücklicher Fortgang beschieden. Die Könige aus sächsischem und salischem Hause bevorzugten andere Pfalzen; nur wenige Ereignisse der gesamtdeutschen Geschichte im 10. und 11. Jahrhundert sind zugleich Marksteine der Geschichte dieser Stadt. König Otto I. hat hier am Weihnachtsfest des Jahres 941 seinem ungetreuen jüngeren Bruder Heinrich verziehen. Auf einem Reichstage zu Frankfurt 1007 gründete

St. Leonhardskirche (Delkeskamp, um 1850)

Heinrich II. das Bistum Bamberg als einen Vorposten für die Sicherung des Reiches und zur Bekehrung der Slawen im Quellgebiet des Mains.

Erst um die Mitte des 12. Jahrhunderts wandelte sich das Bild. Wieder steht ein zugleich weltliches und kirchliches Geschehen am Beginn: der wortgewaltige Bernhard von Clairvaux predigte zu Frankfurt vor einer begeisterten Volksmenge in Gegenwart des Stauferkönigs Konrads III., den er zur Teilnahme an einem zweiten Kreuzzug aufrief. Bevor der König aufbrach, ließ er in Frankfurt seinen jungen Sohn Heinrich durch die deutschen Fürsten zum Nachfolger wählen. Da Heinrich jedoch vor seinem Vater starb, kam es im Jahre 1152 zu erneuter Wahl; der Wille der Fürsten einigte sich auf den jungen Herzog von Schwaben, Friedrich Barbarossa.

Mit diesen ersten deutschen Königswahlen zu Frankfurt setzt eine neue Periode der Stadtgeschichte ein. Es scheint, daß erst in dieser Zeit die Umwandlung der bis-

Die Alte Brücke (A. Radl, um 1800)

herigen Siedlung zur Stadt sich vollendet hat. Zwar wird schon 994 in einer Urkunde Kaiser Ottos III. Frankfurt als „Castellum“ bezeichnet, aber die damals erbaute und auch durch Grabungen festgestellte Mauer umspannte nur einen engen Bereich rings um die Bauten der Königspfalz. Seine nördliche Begrenzung bildete ein alter Mainarm, die „Braubach“, im Westen reichte er bis an die Senke, die heute Römerberg und „Samstagsberg“ scheidet.

Eine königliche Zollstätte am Main ist seit 1074 urkundlich nachweisbar; sie erweist die frühe Bedeutung des Ortes für Handel und Verkehr. In steigendem Maße siedelten sich Gewerbetreibende, Händler, Schiffer, Fischer und Gärtner um den nach Norden und Westen erweiterten Kern an, der jetzt, um die Mitte des 12. Jahrhunderts, den Charakter einer Stadt gewinnt.

Als staufische Königsburg hat wahrscheinlich König Konrad III. am Mainufer den Saalhof erbaut, dessen

Kapelle noch heute erhalten ist. Ein neuer umfassender Befestigungskranz von Mauern und Gräben wird aufgeführt, von dessen Umgrenzung auf der Landseite noch die heutigen „Graben“straßen zeugen. Zwei Stadttore, die Bornheimer Pforte am nördlichen Ende der Fahrgasse und die Bockenheimer Pforte, später Katharinenpforte benannt, sowie ein kleiner Durchlaß im Zuge der Weißadlergasse, die Guldenpforte, führten ins Freie hinaus. Ein Rest dieser Mauer aus staufischer Zeit hinter der ehemaligen Judengasse — der nachmaligen Börnestraße — ist durch die Zerstörung des Zweiten Weltkrieges zum Vorschein gekommen und bei dem Wiederaufbau der Stadt als Baudenkmal gesichert worden.

Aber nicht nur die Landseite, sondern auch die an den Fluß grenzende Seite der Stadt wurde befestigt und mit zwei Toren und mehreren kleinen Pforten versehen: von der seit 1222 urkundlich bezeugten, aber sicher älteren Brücke über den Main führte die Brückenpforte in das Stadtinnere zur Fahrgasse; den wichtigen Zugang von dem neuen Stadtzentrum, dem an den Saalhof grenzenden späteren Römerberg, zur Mainfurt und zur Schiffslandestelle aber bildete das Fahrtor.

So geschützt vermag sich drinnen bürgerlicher Fleiß und städtisches Heimatgefühl zu entfalten. Während im Bereich der alten Karolingersiedlung und der Bartholomäuskirche, der Oberstadt, hauptsächlich Handwerker wohnen und wirken, bevorzugen die aus dem Handelsstande hervorgehenden angesehenen Bürger den westlich der Linie von der Fahrpforte zum Rossebühl (dem Liebfrauenberg) gelegenen Bereich der Unterstadt, wo sie ihre geräumigen steinernen Häuser erbauen. In diesem Bezirk liegt auch der Kornmarkt. Und es ist beachtenswert, daß das älteste, 1219 den Frankfurter Bürgern von Kaiser Friedrich II. erteilte Privileg die Errichtung einer zweiten Kirche zu Ehren der Jungfrau Maria und des heiligen

Grabplatte für den Gegenkönig Günther von Schwarzburg († 1349) im Dom

Georg (der heutigen Leonhardskirche) an eben diesem Platze gestattet, einer Kirche, die ihrer Bestimmung nach einen Gegenpol gegen das bisher einzig im Stadtbereich mit Pfarreirechten versehene Bartholomäusstift bilden sollte. Durch Jahrhunderte hat der hier zuerst anklingende Gegensatz das Verhältnis der Bürgerschaft zur Frankfurter Geistlichkeit wesentlich mitbestimmt, wenngleich die Kirche St. Leonhard niemals die Bedeutung erlangt hat, die ihr ursprünglich zugedacht war.

In den auf diese Gründung folgenden Jahrzehnten ist das Stadtbild durch neue Kirchenbauten zu dem Gesamteindruck geprägt worden, den uns zahlreiche, vor allem ältere Ansichten und selbst noch die erhalten gebliebenen Reste vermitteln.

Die baufällig gewordene karolingische Stifts- und Pfarrkirche des hl. Bartholomäus muß einem groß angelegten Neubau, dem Frankfurter Kaiserdom, weichen, dessen Ausmaße für die darin regelmäßig abzuhaltenden Königswahlen geeignet sind. Der Deutsche Orden errichtet eine bedeutende Kommende mit Spital in Sachsenhausen.

Mit dem Auftreten der Bettelmönche — vorweg der Dominikaner (Prediger), der Franziskaner (Barfüßer) und der Karmeliten — erwuchs der bisher einzigen Pfarrei des Bartholomäusstiftes, die sich dadurch in ihren Rechten und Einkünften bedroht sah, ernsthafte Rivalität in einer emsigen und volksnäheren Seelsorge; ihre stattlichen Klosterbauten zeugen von dem Ansehen, das sie sich bald errangen.

Die bürgerliche Verfassung

Der Wandlung des äußeren Bildes — von der königlichen Pfalz- und Kammersiedlung zur Stadt — entspricht die Wandlung der Bewohnerschaft. Aus dem Nebeneinander der Pfalzhörigen, der königlichen, zu Ansehen und Würden gelangten, ursprünglich unfreien Ministerialen, der freien von auswärts zuziehenden Königsleute, der bäuerlichen und städtischen Siedler — Händler und Handwerker, Fischer und Gärtner — bildet sich die sozial wohlgegliederte Bürgerschaft.

Stadtsiegel mit der Umschrift: Frankenvort — specialis domus imperii

Das selbstbewußte Bürgertum zieht allmählich die bisher durch königliche Beamte ausgeübte Verwaltung und Rechtsprechung an sich. Bald nach 1200 verschwindet der bisherige Vertreter des Königs, der mit der Verwaltung des königlichen Kammerguts und dem Gericht über die Angehörigen der Pfalz betraute Vogt (advocatus). Seine Stelle nimmt ein Schultheiß als oberster Beamter und Richter des Kaisers ein. Ihm steht nun die gesamte Einwohnerschaft mit Einschluß der vormaligen Hörigen in gleichen Rechten und Pflichten gegenüber. Frankfurt ist eine civitas, eine städtische Gemeinschaft, geworden. Seine Sonderstellung zum Reiche spiegelt sich in der Umschrift des Stadtsiegels: specialis domus imperii.

Die Römerhalle (H. C. Lautensack, 1564)

Aus angesehenen Freien und königlichen Ministerialen entsteht ein Patriziat. Vierzehn Schöffen aus diesem Kreise treten dem Schultheißen in der Ausübung von Recht und Verwaltung zur Seite. Das so entstandene Kollegium stellt im Namen der Stadt seit dem gleichen Jahre 1219 rechtsverbindliche Urkunden aus, in welchem Kaiser Friedrich II. der Bürgerschaft jenes schon erwähnte Privileg zur Erbauung einer Kirche am Kornmarkt erteilte. Aber diese Körperschaft bedarf schon im 13. Jahrhundert einer ersten Erweiterung. Anlaß dazu bot eine empfindliche Niederlage, die der benachbarte Herr von Hanau der Stadt im Jahre 1266 beibrachte. Wie andere deutsche Städte zu dieser Zeit hatte auch Frankfurt vielfach Zuzug von auswärts erhalten, indem Hörige benachbarter Herren es vorzogen, namentlich im Winter, das angenehmere und freiere Leben der Bürger zu teilen. Die Abwanderung solcher Leute, die man Pfahlbürger nannte, stieß auf den begreiflichen Widerstand ihrer bisherigen

Herren. Das von dem Hanauer besiegte Frankfurt mußte nun eine sehr hohe Entschädigungssumme zahlen; die Aufnahme weiterer Pfahlbürger durch die Stadt aber wurde durch eine für jeden Einzelfall festgesetzte hohe Abgabe an Hanau praktisch — mindestens zunächst — unterbunden. Wie es nun bis in unsere Tage zu geschehen pflegt: angesichts einer die gesamte Bürgerschaft durch ihre finanzielle Auswirkung bedrückenden, durch eine Niederlage der Gemeinschaft bedingten Kontribution mag das bis dahin allein verantwortliche Kollegium der Schöffen das Bedürfnis gespürt haben, die Verantwortung in einem breiteren Kreise aus der Bürgerschaft zu teilen. So treten in der Urkunde von dem Friedensschluß mit Hanau erstmals neben den Schöffen eine Anzahl von „Consules", zu deutsch Ratsherren, als Aussteller auf. Die vollständige Ausbildung eines die Geschäfte der Stadt besorgenden Rates findet aber erst wenige Jahrzehnte später — um 1318 — wohl als Folge innerstädtischer Auseinandersetzungen statt: neben Schöffen und Ratsherren als erster und zweiter Bank gibt es fortan eine aus den vornehmsten Handwerkern gewählte dritte Bank. Das Schöffenkolleg allein aber bleibt zugleich königliches und städtisches Gericht. — Seit 1311 sieht man an der Spitze des Rats zwei auf ein Jahr gewählte Bürgermeister. Man darf in dieser Neuerung eine vorbeugende Maßnahme im Sinne gesicherter bürgerlicher Selbstverwaltung sehen, da seit dieser Zeit mit der Verpfändung des Schultheißenamtes und seiner Einkünfte durch den Kaiser die Gefahr entstand, daß ein auswärtiger Fürst als Pfandinhaber sich zum Herrn der Stadt machen könnte.

Handel und Verkehr, die Messen

Die wirtschaftliche Entwicklung der Stadt steht im engsten Wechselverhältnis mit der Ausbildung städtischer

Geltung. Eine königliche Münz- und Zollstätte bestand in Frankfurt sicherlich schon früh. König Heinrich IV. befreite 1074 die Einwohner von Worms von dem Zoll zu Frankfurt. Etwa hundert Jahre später muß die feste Brücke erbaut worden sein, die als wichtigster Übergang vom Norden zum Süden Deutschlands Frankfurt mit Sachsenhausen verbindet. Urkundlich wird die steinerne Alte Brücke erstmalig 1222 erwähnt.

Um 1250 tritt Frankfurt in den Kreis der gegen Gewalt und Willkür verbündeten rheinischen Städte ein; bald überflügelt es als Handelsplatz die altehrwürdige Römerstadt Mainz. Die Städte Bamberg, Nürnberg und Worms müssen sich alljährlich in der Zeremonie des Pfeifergerichts ihre Zollfreiheit zu Frankfurt durch symbolische Gaben bestätigen lassen.

Im Anschluß an das Kirchweihfest des heiligen Bartholomäus (24. August) begann sich eine jährliche Messe (der Name rührt von der kirchlichen Handlung her) schon in früher Zeit zu entwickeln. Landleute der Umgebung, Gewerbetreibende und Kaufleute stellten ihre Erzeugnisse zur Schau und traten in geschäftlichen Austausch. Der Einzugsbereich dieses alten Kirchweihmarktes — ursprünglich wohl hauptsächlich die fruchtbare Wetterau — griff aber dank der zentralen deutschen und europäischen Lage Frankfurts bald weit über die Nachbarschaft der Stadt hinaus. So entstand eine in ihrer Bedeutung für die gesamte Wirtschaft bald unentbehrliche Messe.

Schon im Jahre 1240 versprach Friedrich II. allen Kaufleuten, die zum Besuch der Frankfurter Messe reisen würden, seinen kaiserlichen Schutz. Die nur einmal im Jahre abgehaltene Veranstaltung genügte aber auf die Dauer nicht mehr. Auf Bitten der Bürger bewilligte Kaiser Ludwig der Bayer im Jahre 1333 eine zweite Messe zur Fastenzeit und das wichtige Recht der Zollfreiheit

Die Messe am Römerberg (1696)

für ihre Waren überall im Reiche. Er war den Frankfurtern zu Dank verpflichtet, weil sie in seinem Streit mit dem Papsttum trotz Bann und Interdikt treulich auf seiner Seite ausgehalten hatten. Zum Zeichen dieser Treue steht noch heute auf dem Nordturm der Leonhardskirche der Adler des Reichs. Die beiden Jahresmessen haben das Gesicht Frankfurts für Jahrhunderte geprägt und die Stadt in den Mittelpunkt des deutschen Wirtschaftslebens gestellt.

Namentlich der Tuchhandel fand in unserer Stadt seinen Mittelpunkt. In Frankfurt selbst erblühte eine sehr bedeutende Tuchfabrikation. Unter den in einem Einwohnerverzeichnis vor 1378 namentlich mit ihrem Gewerbe aufgeführten Personen nehmen die Weber mit 300 Vertretern den gewichtigsten Platz ein. Auf den Messen aber begegneten sich rheinische und niederländische

Leinwandhaus

Erzeugnisse der Tuchindustrie. Daneben waren alle geläufigen Handelswaren der Zeit vertreten: Heringe, Pelze und Wachs aus dem Norden, Vieh und Pferde aus dem Osten und Südosten, der Farbstoff Waid aus Thüringen, Metallwaren und Gewebe aus Oberdeutschland, Luxuswaren, Gewürze und Früchte aus den Mittelmeerländern und vom Orient.

Neben deutschen Kaufleuten sah man solche aus England, Frankreich, Italien, den Niederlanden, Polen und Ungarn. Die regelmäßige Begegnung dieser Kaufleute führte fast von allein zu einer besonderen, auf dem Kredit von einer Messe zur nächsten beruhenden Form des Zahlungsverkehrs in Gestalt von Wechseln. Kaufleute gleicher Nation und gleicher Interessen begannen, sich zu Börsen zusammenzuschließen; daran erinnert noch heute der Nürnberger Hof zwischen dem Steinernen Haus und der jetzigen Berliner Straße. In allen verfügbaren Gewölben der Frankfurter Bürger lagerten zur Messezeit die kostbaren Waren. Auf dem Hauptplatz, dem Römerberg, errichtete man Handels- und Wechselbuden. Die Gewölbe des nach 1405 gerade für diesen Zweck ausgebauten Frankfurter Rathauses, das seinen Namen von der vorher darin wohnhaften Patrizierfamilie, wohl nach Handelsbeziehungen zu Italien, führt, dienten der Ausstellung von Kostbarkeiten, Geschmeide und Schmuck aus Gold, Silber und Edelsteinen. Für die Frankfurter Bürger bedeutete dies alljährlich zweimal die ganze Stadt durchpulsende Leben und Treiben eine Quelle sicheren Gewinnes und ständig sich erneuernden Impuls zu eigenen Unternehmungen. Deshalb nimmt es nicht wunder, daß auch in Frankfurt ein ansässiger Stand von Fernkaufleuten heranwuchs, dessen Geschäftstätigkeit wir auf allen großen Straßen des Reichs bezeugen können.

Der Reichtum dieser Großkaufleute erlaubte ihnen, sich in der Stadt eigene geräumige steinerne Häuser — im Unterschied zu den bescheidenen Fachwerkbauten der meisten Bürger — zu errichten. Die aus Köln stammende Familie von Melem erbaute um 1450 das heute wieder errichtete Steinerne Haus am Markt, der Großkaufmann Brun zu Brunfels am Liebfrauenberg das nach ihm benannte Haus zum Braunfels, in welchem später Könige und Kaiser ihr Quartier genommen haben. In diesem Hause ist auch 1495 das Reichskammergericht ins Leben gerufen worden, in ihm hat bis zur Erbauung eines eigenen Gebäudes die Frankfurter Börse ihren Sitz gehabt. So hat also die Entwicklung Frankfurts zur Messestadt auch auf entscheidende Weise dazu beigetragen, das ursprüngliche Gesicht seiner Bürgerschaft zu wandeln und jene soziale Schichtung zu bewirken, die bis in die Tage Goethes

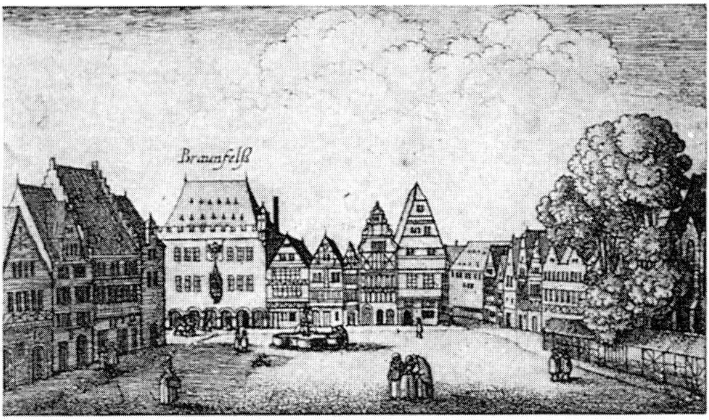

Haus Braunfels am Liebfrauenberg (W. Hollar, 1635)

charakteristisch geblieben ist: Patriziat, Kaufmannsstand, Handwerkerschaft und die große Schar der untergeordneten, aber unentbehrlichen Beisassen und Arbeiter, Knechte und Mägde.

Durch das mit den Messen verbundene Speditions- und Wechselgeschäft erwuchs Frankfurt fast notwendig zum internationalen Bank- und Börsenplatz. Auf dieser Eigenschaft hat seine Bedeutung bis nahe an unsere Zeit beruht. Die Messen haben aber auch auf einem anderen Gebiete Frankfurt zu führender Stellung emporgehoben; lange vor Leipzig, in den ersten Jahrhunderten nach der Erfindung des Buchdrucks, war es das Zentrum des europäischen Buchhandels. In Fässern verpackt kamen die neuesten Erzeugnisse der gesamten literarischen Produktion zu Schiff und auf dem Landwege in die Gewölbe der Häuser am unteren Kornmarkt, der von dieser Bedeutung her den Namen der Buchgasse erhalten hat. Da fanden sich zur Messezeit nicht nur die Kaufleute ein, die sich der weite-

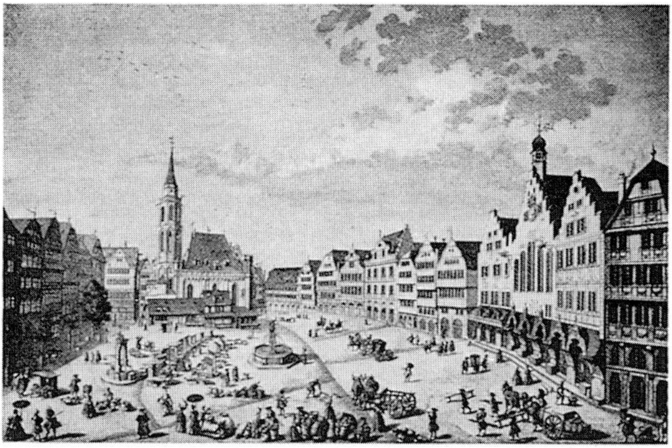

Der Römerberg gegen Süden (S. Kleiner, 1738)

ren Verbreitung dieser neuartigen Ware annahmen, sondern die Buchmesse zog auch — damals wie heute — Liebhaber und vor allem Gelehrte aus allen Ländern an; sie wurde damit zugleich ein Ort des geistigen Austausches aus erster Hand.

Seit 1530 ließen sich auch in Frankfurt selbst Buchdrucker und Verleger nieder. Volksbücher und Chroniken, fromme Schriften und gelehrte Werke fanden ihren Weg aus den Werkstätten von Egenolff und Feyerabend in die deutschen Lande und weit hinaus in die Fremde.

Der Basler Kupferstecher Mathäus Merian zog es vor, mit seiner Familie Frankfurt zu seinem Wohnsitz zu machen. So sind in der Folge die wundervollen Städteansichten und Pläne aus seiner Werkstatt von hier aus in alle Welt gegangen. Auch das damalige Bild der Stadt Frankfurt ist durch ihn in unvergleichlicher Treue auf uns überliefert worden.

Die Friedberger Warte (1798)

Stadterweiterung

Der Aufstieg Frankfurts als Handelsstadt erreichte schon im 14. Jahrhundert einen Höhepunkt. In großzügiger Planung schob die Stadt, von Kaiser Ludwig dem Bayern ermächtigt, im Jahre 1333 den Befestigungskranz abermals weit hinaus bis an die heutige Anlage; so wurde die noch lange von Gärten und Landhäusern durchsetzte Neustadt einbezogen. Tore und Türme in großer Zahl wuchsen empor und gaben der Stadt das Gesicht, das uns Faber und Merian in ihren Plänen aus der Vogelschau so eindrucksvoll übermittelt haben. Der Zugang zum Stadtinneren führte fortan durch die neuen, vorgeschobenen Tore: das Galgentor, das Bockenheimer Tor, das Eschenheimer Tor, das Friedberger Tor, das Allerheiligentor, mächtige, mit Brücke und Zwinger versehene Anlagen. Jenseits des Mains, in Sachsenhausen (dessen Name vielleicht von der Ansiedlung hierher verpflanzter, durch Karl den Großen besiegter Sachsen herrührte, das aber nicht vor 1193 urkundlich nachweisbar ist) dienten das Affentor und das Schaumaintor dem Schutze des Brückenkopfes. Von allen diesen mächtigen Bauwerken steht nur noch das um 1450 erbaute Eschenheimer Tor und der Kuhhirtenturm. Noch weiter draußen rings um Frankfurt und Sachsenhausen warf man gegen Ende des 14. Jahrhunderts die Landwehren auf. Es waren feste Erdwälle, mit Dornbüschen bepflanzt und mit Gräben versehen, über die nur an vier Stellen, bei der Galgenwarte, der Bockenheimer Warte, der Friedberger Warte und der Sachsenhäuser Warte, geschützte Durchgänge für den Verkehr mit der äußeren Welt freiblieben. Innerhalb dieses Umkreises konnten die Viehherden der Bürger gesichert vor den Räubereien der Nachbarn friedlich weiden; eine Überrumpelung der Stadt war nicht leicht mehr möglich.

Älteſter Stadtkern 9.–10. Jahrhundert (— Oberſtadt, –·–·– Unterſtadt). ----- Mauer der Staufenzeit, ······ Die Neuſtadt 1333, –······– Das Fiſcherfeld 1793.

Äussere Feinde

Diese Entwicklung ging aber keineswegs ohne Überwindung gewaltiger Widerstände vor sich. Immer mußte die Stadt sich äußerer Feinde und inneren Haders erwehren. Mit den aufblühenden Reichsstädten am Rhein und in der Wetterau seit den Tagen der Salier und Staufer eng verbunden, hatte sie gegen die immer mächtiger werdenden, auf die Bildung eigener Territorien bedachten weltlichen und geistlichen Herren der Nachbarschaft ihre Freiheit zu verteidigen.

Frankfurt schloß sich schon dem ersten Rheinischen Städtebund von 1254 an. In enger vertraglicher Gemeinschaft stand es seit 1266 mit den Wetterauischen Städten Friedberg und Gelnhausen. In der großen Abwehrfront der rheinischen und schwäbischen Städte fand es 1381 seinen Platz. Aber als die verbündeten Städte 1388 den vereinten Anstrengungen des Grafen von Württemberg und des Kurfürsten Ruprecht von der Pfalz erlagen, bekam auch Frankfurt die Folgen zu spüren. Zur Belagerung der Kronberger Feste war das ganze städtische Aufgebot im Mai 1389 ausgezogen. Da erhielten die Belagerten unerwartet schnelle Hilfe von Pfalz und Hanau. Es gelang den Frankfurtern nicht mehr, die schützende Stadt zu erreichen. Bei Eschborn überrumpelt, erlitten sie unermeßlichen Schaden; ein großer Teil des Patriziats und der Handwerkerschaft geriet in hanauische Gefangenschaft und mußte durch beträchtliche Lösegelder daraus befreit werden.

Aber selbst eine so schwere Niederlage, wie die der Kronberger Schlacht, konnte die schon mächtige und kapitalkräftige Stadt nicht mehr auf lange Dauer niederzwingen. Keine der unzähligen Fehden des folgenden 15. Jahrhunderts hat die Geltung Frankfurts ernstlich zu gefährden vermocht.

Die Schlacht bei Kronberg 1389

Innere Unruhen

Blieb die Stadt daher bis in die Tage der Reformation von größeren Kriegshandlungen verschont, so wurden ihr innere Auseinandersetzungen nicht erspart. Regiment und Rechtsprechung lagen fast ganz in den Händen der patrizischen Geschlechter. Der aus zweiundvierzig Mitgliedern bestehende Rat umfaßte drei Bänke. Die erste und angesehenste, der Schöffenrat, war ausschließlich von Angehörigen der Stadtaristokratie besetzt, aber auch in der zweiten Bank überwogen die Patrizier. Aus diesen beiden wurden alljährlich seit 1311 zum 1. Mai der ältere und der jüngere Bürgermeister gewählt. Nur die vierzehn Mitglieder der dritten Bank waren Handwerker, und auch ihr Kreis beschränkte sich auf die „ratsfähigen“ Zünfte, nämlich die Wollweber, Metzger, Schmiede, Bäcker und Schuhmacher mit je zwei Sitzen, die Kürschner, Gärtner, Fischer und Lohgerber mit je einem Vertreter. Die Zünfte waren jedoch nicht geneigt, sich von den auf ihre Herrschaft eifersüchtig bedachten Geschlechtern Vorschriften über Aufbau und Ordnung ihrer Gemeinschaften und über die Preise der Handwerkserzeugnisse machen zu lassen. Sie unternahmen 1355 den ersten Versuch einer Erweiterung des Rats in demokratischem Sinne. Durch die Unterstützung des ebenfalls vielfach unzufriedenen Bürgertums gelang es ihnen, sechs neue Mitglieder aus ihrer Mitte dem Rate hinzuzufügen, die alle Rechte, darunter die Wählbarkeit zum Bürgermeister, erhielten. Die Dauer ihrer Amtszeit wurde auf ein Jahr beschränkt; darin lag ein Mittel zur ständigen und gesunden Erneuerung des Rats. Als sich aber die Volksempörung gegen den von Karl IV. begünstigten reichen Emporkömmling im Patriziat, Siegfried zum Paradies, wandte, änderte der Kaiser seinen Kurs. Die demokratische Partei unterlag, ihre Häupter mußten die Stadt verlassen. Die Zünfte schieden als politischer Faktor für lange Zeit aus, sie mußten sich eine strenge Überwachung durch den Rat gefallen lassen.

Die Erwerbung der Reichsfreiheit

Eine Zeitlang schien es, als könnte Siegfried zum Paradies sich zum Alleinherrscher in Frankfurt emporschwingen. Es gelang ihm, das ständige Geldbedürfnis des Kaisers auszunutzen, um die Reichspfandschaften über das Stadtschultheißenamt und über den an Frankfurt angrenzenden Teil des königlichen Forstes Dreieich zu erwerben, die zuvor der Landvogt in der Wetterau, Ulrich III. von Hanau, innegehabt hatte. Indem Ulrich genötigt wurde,

---

Grabplatte für Siegfried zum Paradies († 1386); heute in der Nikolaikirche

diese Pfänder an Siegfried herauszugeben, schwand zwar für Frankfurt die Gefahr, daß der Hanauer sich zum Stadtherrn hätte machen können, aber die Vereinigung des obersten kaiserlichen Amtes in der Stadt und einer auf umfassendem Grundbesitz beruhenden außerordentlichen Macht in den Händen eines einzelnen ehrgeizigen Mitbürgers mußte den verantwortlichen Männern des Rats nicht minder bedrohlich erscheinen.

Die Wachsamkeit der eigenen patrizischen Verwandten Siegfrieds ließ es nicht zum äußersten kommen, sie verstand es, den gefährlichen Mann beim Kaiser durch ein gesteigertes Geldangebot zu überspielen. Siegfried war klug genug, sich zu fügen. Die Stadt erwarb auf diesem seltsamen Wege die tatsächliche Reichsfreiheit, sie hielt fortan Amt und Einfluß des obersten kaiserlichen Beamten in eigenen Händen, und sie erwarb ein ausgedehntes ertragreiches Waldgebiet, den heutigen Stadtwald. Obwohl sie auch fernerhin eine Reichssteuer jährlich zu zahlen verpflichtet war, konnte sie sich von nun an unter die freien Reichsstädte rechnen.

Die Goldene Bulle

In eben dieser Zeit hat Frankfurt durch die Goldene Bulle Karls IV. seine überlieferte Stellung als Stadt der deutschen Königswahlen endgültig festigen können. In diesem, auf den Reichstagen zu Nürnberg und Metz 1356 beschlossenen Gesetz wurde bestimmt, daß binnen Monatsfrist nach dem Ableben eines deutschen Königs der Erzbischof von Mainz die Kurfürsten zur Wahl eines Nachfolgers nach Frankfurt einberufen sollte. Das Geleit der Kurfürsten und ihres Gefolges und die Sicherheitsmaßnahmen in der Stadt wurden eingehend geregelt. Keiner von ihnen durfte mehr als 250 Gefolgsleute mit sich

Die „Goldene Bulle" von 1356

führen, darunter höchstens 50 Bewaffnete. Den Frankfurtern aber wurde auferlegt, dafür zu sorgen, daß Ruhe und Ordnung innerhalb ihrer Mauern gewahrt bliebe; würden sie dieser Verpflichtung nicht streng nachkommen, so sollten sie all ihrer Privilegien und Rechte verlustig gehen. Deshalb war Frankfurt jedesmal, wenn ein solches Ereignis eintrat, emsig darauf bedacht, daß die Zahl der einreitenden Gefolgsleute nicht überschritten wurde. Da aber die Verhandlungen der Kurfürsten, die sich in

Wahl König Heinrichs VII. 1308

Altarsetzung König Heinrichs VII. 1308

dem Frankfurter Rathaus zu versammeln pflegten, oftmals Tage und Wochen in Anspruch nahmen, blieb es nicht aus, daß auch zahlreiche Personen hohen und niederen Standes aus der Nähe und Ferne die Stadt aufsuchten, um Zeugen der seltenen Entfaltung von soviel höfischem Prunk und soviel bewegtem täglichem Geschehen zu sein. Die Bürger ließen sich das Schauspiel solcher hohen Zeiten nicht entgehen und ebensowenig den klingenden Gewinn, der sich für sie daraus vielfach ergab, und nicht umsonst mußte der Rat wieder und wieder feste Taxen für die wichtigsten Lebensbedürfnisse bei diesem Anlaß festsetzen.

An dem Wahltage selbst aber mußten nach Vorschrift der Goldenen Bulle alle Fremden die Stadt verlassen. Die feierliche Wahlhandlung hatte in der Bartholomäuskirche, dem Frankfurter Kaiserdom, im Rahmen einer Messe zu geschehen, bei welcher der Heilige Geist angefleht wurde, die Herzen der Kurfürsten zu erleuchten, auf daß sie einen guten und geeigneten Mann zum König wählten.

Die Kaiserkrönung blieb Aachen vorbehalten, bis im Jahre 1562 Maximilian II. im Anschluß an die Wahl auch die Krone zu Frankfurt empfing. Seitdem vollzog sich — nur unter formaler Wahrung des Aachener Anspruchs — im Frankfurter Dom auch die Krönung der Herrscher. Man holte dann jedesmal die Reichskleinodien und Reichsinsignien in feierlicher Form aus Aachen und aus Nürnberg herbei. Wahl und Krönung gestalteten sich zu einem wahren Volksfest, dessen Höhepunkt sich auf dem Römerberg abspielte. Der Hafer für des neuen Königs Pferde, der auf dem Platz gebratene Festochse und der aus einem Doppeladlerbrunnen fließende rote und weiße Wein wurden der Menge durch den Erzmarschall, den Erztruchseß und den Erzschenken des Reiches freigegeben, während der Erzkämmerer silberne Krönungsmünzen unter das Volk warf.

Dieweil aber der neu gekrönte Herrscher mit den Kurfürsten droben im Kaisersaal des Römers ein höchst zeremonielles und steifes Bankett hielt, kam es drunten vor dem Römer zu ergötzlichen Auftritten. Spaßvögel und böse Buben liebten es, den von einigen Glücklichen mühevoll geborgenen Hafer durch Aufschlitzen der Säcke wieder ausrinnen zu lassen. In dem Gedränge war es schwer, zu rechtem Genusse des Weins zu kommen. Um die Bretterbude vor der Nikolaikirche, in welcher der Ochs am Spieße briet, entbrannte wilder Kampf. In wenigen Augenblicken ward die hölzerne Küche niedergerissen. Die Metzger suchten den von ihnen gespendeten Braten für sich davon zu tragen, aber andere Zünfte machten ihnen die Beute streitig. Goethe hat im 5. Buche von „Dichtung und Wahrheit" diese Festlichkeiten und Volksszenen lebensvoll geschildert, deren Zeuge er selbst als Knabe von 15 Jahren bei der Krönung Josephs II. gewesen ist.

Das Patriziat

Der Glanz solcher Feste konnte nicht darüber hinwegtäuschen, daß es in der Stadt viele und große Spannungen gab. Das Stadtregiment lag ganz in den Händen der Geschlechter, die vielfach untereinander versippt, in den patrizischen Gesellschaften Alten-Limpurg und Frauenstein fest zusammenhielten, deren Entstehung wohl in der Zeit der Zunftunruhen von 1355 zu suchen ist. Ihre Häuser lagen dem 1405 aus Privatbesitz erworbenen und zum Rathaus umgebauten Haus „Zum Römer" unmittelbar benachbart. Wie uns namentlich Bernhard Rorbach's chronikalische Aufzeichnungen berichten, fühlten sich die „Gesellen" schon im 15. Jahrhundert der Ritterschaft, mit der sie in Turnieren und Gebräuchen wetteiferten, überlegen. Ihr Selbstbewußtsein, aus Besitz und Einfluß ent-

Wappen der Holzhausen und Weiss von Limpurg

sprungen, in feste Ordnungen für die Aufnahme neuer Mitglieder und für die Formen des gemeinsamen Lebens gefaßt, machte aus ihnen einen Stadtadel, der sich mehr und mehr gegen den Handelsstand abschloß. Gleich der Ritterschaft führten sie Wappen; von ihr entlehnten sie die Bezeichnung als „Ganerbschaft".

Einige dieser Familien gelangten zu außerordentlichem Reichtum. In ihren neuen, steinernen Häusern und auf ihren Landsitzen vor der Stadt entfalteten sie fürstliches Gepränge. Es gereicht ihnen zur Ehre, daß sie auch zu Förderern der Wissenschaften und Künste wurden. Hamman von Holzhausen betrieb die Gründung einer Lateinschule; Wilhelm Nesen, ein Freund des großen Humanisten Erasmus, ward ihr Rektor. Dürer und Grünewald, Holbein und Rathgeb schufen Altarbilder und Wandgemälde im Auftrage der reichen Patrizier. Die Bilder Klaus Stalburgs und Jakob Hellers zeugen noch heute vom Adel und der Gesinnung der großen Stadtherren.

Nur wenig jünger war die Gesellschaft Frauenstein, ebenso wie die Alt-Limpurger nach dem Hause neben dem Römer benannt, in welchem sie ihre Zusammenkünfte hielten. Aber ihre Zusammensetzung war eine andere: angesehene Kaufleute und in späterer Zeit gelehrte Juristen und Doktoren bildeten ihren Kern.

Verhältnis zur Geistlichkeit

Gab es schon in der Bürgerschaft Spannungen genug, so war das Verhältnis der Bürger zur Geistlichkeit doch noch stärker belastet. Das Bartholomäusstift, auf seine Sonderstellung stets eifrig bedacht, war schon während der Auseinandersetzungen Kaiser Ludwigs des Bayern mit der Päpstlichen Kurie, im Gegensatz zu den Bettelorden und zu dem 1317 gegründeten Kollegiatstift von St. Leonhard, von schwankender Haltung gewesen und hatte sich darob den Unwillen der Bürgerschaft zugezogen.

Neue kirchliche Gründungen hatten ihren Ursprung in der frommen Gesinnung angesehener Bürgerfamilien: Liebfrauenkirche und Liebfrauenstift der Familie Wanebach (1318, 1325), St. Katharinenspital- und Kloster von dem Domkantor Wicker Frosch (1313, 1354), die Dreikönigskirche als Spitalkapelle in Sachsenhausen von Heile Dymar (1338), die Allerheiligenkapelle der Familie Neuhaus (1366), die St. Peterskirche in der Neustadt, ein Vermächtnis des Ratsherrn Peter Apotheker (1393, 1419).

Zu schwerem Konflikt kam es, als nach der Niederlage von Kronberg der Frankfurter Rat sich veranlaßt sah, auch die Geistlichkeit schärfer als bisher zur Beteiligung an den bürgerlichen Lasten und Steuern heranzuziehen. Vergeblich suchten die Stifter Hilfe beim Kaiser. Der Erzbischof von Mainz belegte die Stadt mit dem Interdikt. In offener Auflehnung gegen diese Maßnahme begingen die Bettelorden zusammen mit dem Rat festlich den Fronleichnamstag (1395). Beauftragte des Rates,

Der Liebfrauenberg im Winter (S. Kleiner, 1738)

unter ihnen der Dekan von St. Leonhard, gingen nach Rom und erwirkten dort zunächst ein Privileg Papst Bonifaz' IX. über die Aufhebung jedes Interdikts zwei Wochen vor und zwei Wochen nach den Frankfurter Messen (1398). Endlich gab die schlechte Finanzlage des Mainzer Erzbischofs, die der Rat klug ausnutzte, den Ausschlag; es kam zu einem für die Stadt vorteilhaften Ausgleich, dem sich auch das Bartholomäusstift fügen mußte; das Abgabenwesen des Klerus wurde völlig neu geordnet (1407).

Bis zu dieser Zeit hatte es nur eine einzige, von dem Bartholomäusstift besetzte und zuletzt ihm förmlich inkorporierte Pfarrei in Frankfurt gegeben. Für die Seelsorge der an Zahl zunehmenden Bewohnerschaft der Stadt ergaben sich daraus erhebliche Mängel. Es ist für den Geist der Zeit bezeichnend, daß nicht das Stift, sondern der Rat auf Abhilfe sann, indem er sich mehrmals — zunächst

Alte Peterskirche (B. Liebig, um 1890)

ohne Erfolg — unmittelbar an den Papst wandte. Endlich ließ sich Papst Nikolaus V. in Rom bewegen, den deutschen Kardinal Nikolaus von Cues nach Frankfurt zu entsenden. Seine im März 1452 getroffene Entscheidung entsprach insofern den Wünschen des Rates, als nun die Peterskirche für die Neustadt und die Dreikönigskirche für Sachsenhausen das Recht zur Spendung aller Sakramente mit Ausnahme der Taufe erhielten, die der Bartholomäuskirche vorbehalten blieb. Beide galten fortan als Filialkirchen von St. Bartholomäus. Erst gegen Ende des 19. Jahrhunderts sind neue katholische Pfarrsprengel von dieser einzigen Stadtpfarrei abgezweigt worden.

Die Neuerrichtung der zwei Filialkirchen, die einer verbesserten Seelsorge diente, hat jedoch die seit langem bestehenden Mißhelligkeiten in dem Verhältnis der Stadt

Alte Dreikönigskirche, Löhergasse (1821)

zum Klerus nicht beseitigen können. Das Leben der Weltgeistlichkeit wie das der Mönche war vielfach nicht dazu angetan, vor dem im Zeitalter der Reformkonzilien erwachten Geist eines reineren religiösen und sittlichen Lebens zu bestehen. Den Unwillen der Bürger anzufachen, kamen aber noch wirksamere Motive sozialer und wirtschaftlicher Natur hinzu. Im Laufe der Jahrhunderte war die Geistlichkeit durch fromme Stiftungen in den Besitz eines beträchtlichen Vermögens gekommen, das sie in der Hauptsache in Hausbesitz anlegte. Die davon einkommenden Zinsen galten als unablösbare, „ewige" Zinsen. Solchergestalt belastete Häuser fanden schließlich keine Käufer mehr, ja ihre Eigentümer zogen es vielfach vor, sie verfallen zu lassen. Hunderte von Häusern in der Stadt wurden dadurch wüst. So wurde in der Bürgerschaft der Boden bereitet, auf dem die Reformation willkommenen Eingang fand.

Hamann von Holzhausen

Johann Fichard

Die Reformation

Als Martin Luther auf der Reise zum Wormser Reichstag und wiederum auf dem Rückwege durch Frankfurt kam, jubelten ihm Arm und Reich gleichermaßen zu. Dennoch vollzog sich der Übergang der Stadt zur neuen Lehre nur schrittweise und unter großen Schwierigkeiten. Die Leitung der städtischen Geschicke lag damals in den Händen kluger und weitblickender Männer, an ihrer Spitze Philipp Fürstenberger und Hamann von Holzhausen, die Förderer des Humanismus, auf deren Betreiben der Erasmusschüler Wilhelm Nesen zur Begründung einer Lateinschule soeben nach Frankfurt berufen worden war. Sie erkannten wohl, welche gefährlichen politischen Folgen diese Entwicklung mit sich bringen konnte.

Philipp Fürstenberger schrieb aus Worms an den Rat: „der Mönch macht viel Arbeit, es wollen ihn ein Teil gern ans Kreuz schlagen, fürchte, er werde ihnen kaum entrinnen; allein ist zu besorgen, wo es geschähe, er werde am dritten Tag wieder erstehen". Bewunderung und Zurückhaltung liegen in diesen Worten, sie kennzeichnen die Haltung des Frankfurter Rats im ganzen Verlauf der nun einsetzenden Bewegung.

Auf Veranlassung Nesens konnte im März und April 1522 der vormalige Barfüßermönch aus Marburg Hartmann Ibach dreimal in der St. Katharinen-Kirche öffentlich reden. Er sprach über die Ehelosigkeit der Geistlichen, über die Zinsen und über die Anrufung der Heiligen. Der Rat sah sich alsbald in einer schwierigen Lage: gegen den Stadtpfarrer Peter Meyer, der beim Mainzer Erzbischof Protest erhob, traten die Ritter Ulrich von Hutten und Hartmut von Kronberg, überzeugte Vorkämpfer der neuen Lehre, mit der Androhung von Gewalt auf. Da jedoch diese beiden unmittelbar danach in den Untergang Sickingens hereingerissen wurden, schwand fürs erste die Gefahr. Aber bald fanden sich Frankfurts führende Männer vor die weit ernstere Aufgabe gestellt, einer Volkserhebung in die Zügel zu greifen, in welcher die sozialen und wirtschaftlichen Forderungen mit dem Verlangen nach der reinen Verkündigung des Gotteswortes untrennbar verquickt waren.

Bornheimer und Sachsenhäuser verlangten schon 1523 und 1524 die Einsetzung von ihnen selbst gewählter Pfarrer. Ein Kreis „evangelischer Brüder" unter der Führung des Schuhmachers Hans von Siegen und eines aus Sachsen vertriebenen Anhängers von Karlstadt, Dr. Gerhard Westerburg aus Köln, verbreiteten wiedertäuferische Ideen unter der Handwerkerschaft. Am Ostermontag 1525 drang die aufgewiegelte Menge in das Dominikanerkloster und in den Mainzer Fronhof ein, um auf Kosten der Geistlichkeit zu tafeln und zu zechen. Die Zünfte bewaffneten sich; ein Ausschuß überreichte am 20. April revolutionäre Forderungen in Form von 42 in Anlehnung

Inneres der Katharinenkirche, erbaut 1681

Frankfurt von Süden (Merian, 1627)

an die Bauernbewegung verfaßten Artikeln, deren Urheber Westerburg war. Unter dem Druck der Volksmenge mußte der Rat in die Annahme der Artikel willigen. Aber er verstand es dennoch, durch Klugheit die Zügel in der Hand zu behalten. Als mit den auch gegen Frankfurt zurückflutenden Massen der in Franken niedergeworfenen Bauern höchste Gefahr für die Stadt durch die verfolgenden Reichsfürsten drohte, konnte der innere Aufstand ohne Gewalt gedämpft werden. Westerburg verließ die Stadt; die Zünfte mußten den ihnen gegebenen Artikelbrief herausgeben, ihre Eigenwilligkeit war wiederum gebrochen.

Aber eines blieb: das Zugeständnis evangelischer Predigt. Dennoch vollzog sich die Durchsetzung der neuen Lehre, die in der völligen Abschaffung des katholischen Gottesdienstes 1533 ihren Höhepunkt erreichte, in so gewaltsamen Formen, daß selbst Luther und Melanchthon sich genötigt sahen, wider die Schwarmgeister ihre warnende Stimme zu erheben. Nach der Entfernung der übereifrigen Prädikanten kam es unter Brucers Vermittlung zum förmlichen Anschluß an das lutherische Bekenntnis (1535), das fortan in Frankfurt die unbestrittene Vorherrschaft besaß.

Krieg und Belagerung

Das Verhältnis zum Kaiser, das noch unter Maximilian I. in der Eröffnung des Reichskammergerichts im Hause Braunfels (1495) einen glänzenden Ausdruck gefunden hatte, begann sich abzukühlen. Frankfurt trat, von den benachbarten Landesherren der Pfalz und von Hessen verleitet, dem Schmalkaldischen Bunde bei. Es hörte nicht die warnende Stimme des Kaisers und mußte daher die Niederlage der Bundesgenossen, die es durch große finanzielle Aufwendungen unterstützt hatte, teuer bezahlen (1547). Der kaiserliche General Graf von Büren führte seine völlig zerlumpte Truppe in die Stadt; Elend und Seuchen verbreiteten sich in furchtbarer Weise. Kaum war diese äußerste Not überwunden, als neue Gefahr drohte. Nach dem Verrat des sächsischen Kurfürsten Moritz am Kaiser ward die nun wieder kaiserliche Stadt von Hessen und Sachsen ringsum eingeschlossen (1552); sie mußte alle Schrecken der Belagerung und Beschießung wochenlang über sich ergehen lassen, bis der Friedensschluß von Passau auch ihr Erlösung brachte (vgl. den Faber'schen Belagerungsplan auf dem vorderen Vorsatzblatt).

Kirchen und Klöster

Das geistige und kulturelle Gepräge der Stadt war seit der Zeit der Reformation von Grund aus verwandelt. Die im kirchlichen Leben des Mittelalters durch ihren Reichtum und Einfluß führenden Stifter und Klöster verloren das frühere Ansehen. Auch der Dom — die St. Bartholomäuskirche — war dem Gottesdienst der neuen Lehre eingeräumt worden (1525-1548 und abermals zur Schwedenzeit 1632-1635), doch wurde er auf Drängen der Reichsstände dem katholischen Bekenntnis zurückgegeben. Das

Der Kaiserdom St. Bartholomaeus (J. F. Morgenstern, um 1800)

entsprach seiner Bedeutung als Wahlkirche. Vier Jahre, bevor das Heilige Römische Reich deutscher Nation durch den Verzicht seines letzten Kaisers Franz II. zu Ende ging, vollzog sich die Aufhebung des Bartholomäusstifts gleichzeitig mit der Säkularisation der beiden anderen Kollegiatstifter zu Liebfrauen und St. Leonhard und der noch übrigen Klöster in der Stadt. Nur das Barfüßerkloster war schon durch die Reformation (1529) für immer der alten Lehre entzogen worden; die Barfüßerkirche wurde zur evangelischen Hauptkirche. Als sie wegen Baufälligkeit 1786 abgebrochen werden mußte, plante und errichtete man an ihrer Stelle die heutige Paulskirche, die aber erst 1833 ihre Fertigstellung erlebte. Die zwei Nonnenklöster der Weißfrauen und zu St. Katharinen wurden in der Reformation von ihren früheren Insassen aufgegeben und in Versorgungshäuser für Jungfrauen und Frauen lutherischen Bekenntnisses umgewandelt. Das St. Katharinen- und Weißfrauenstift hat durch alle Wechselfälle unserer Zeit hin sein beträchtliches Vermögen an Grundbesitz und damit seine segensreiche Wirkung im Rahmen der sozialen Einrichtungen unserer Stadt bewahren und steigern können. Auch das alte Spital zum Heiligen Geist, ursprünglich nur für Fremde bestimmt, hat niemals aufgehört, dem Wohle leidender Menschen zu dienen; als Stiftung des öffentlichen Rechts ist es heute eines der großen Krankenhäuser Frankfurts.

Der Almosenkasten

Den besonderen Charakter einer Ratskapelle hatte schon seit dem 15. Jahrhundert die St. Nicolaikirche auf dem Römerberg. An sie aber knüpfte eine andere, höchst bedeutsame Einrichtung an. Durch das Vermächtnis eines reichen Arztes, des Johann Wiesebeder von Idstein (1428), kam der Rat in den Besitz eines Almosens zu St. Nicolai mit der Auflage, davon Lebensmittel und Kleidung an arme Bürger zu verteilen, das, durch reiche Stiftungen vermehrt, 1530 als Allgemeiner Almosenkasten zum Grundstock der städtischen Armenpflege wurde. Auch die Einkünfte des säkularisierten Barfüßerklosters wurden dieser

Römerberg und Nikolaikirche (Delkeskamp, um 1850)

Verwendung zugeführt. Aber nicht nur die soziale Fürsorge, sondern auch die Besoldung der Geistlichkeit und der Kirchendiener, das Beerdigungswesen, die Unterhaltung kirchlicher Bauten und die gesamte Kirchenbuchführung, ja sogar die Beschaffung von Mitteln für die aus einer Stiftung des Dr. Ludwig zum Paradies 1484 erwachsene Stadtbibliothek gehörte zu den Aufgaben des Almosenkastens, deren Erfüllung zur Wahrung städtischer Tradition ungewollt nicht wenig beigetragen hat.

Zuzug der Niederländer

Mit der obrigkeitlichen Betreuung des lutherischen Kirchenwesens war dem Rate eine ganz neue Verpflichtung entstanden. Ungeahnte Schwierigkeiten sollten ihm bald daraus erwachsen. Denn die Verfolgung der Protestanten in den Deutschland benachbarten Ländern führte dazu, daß viele eine Zuflucht in dem evangelischen Mittelpunkt des rheinischen Gebiets, in Frankfurt, suchten. Wallonische und englische Flüchtlinge unter der Führung von Valérand Poullain und John Knox machten 1554 den Anfang. Die Mehrzahl von ihnen gehörte aber nicht dem lutherischen, sondern dem calvinischen Bekenntnis an. Während die Engländer nach dem Tode ihrer katholischen Königin, der „blutigen Maria", wieder in ihr Land zurückkehren konnten, blieben die Niederländer hier. Sie fanden anfangs warmherzige Aufnahme. Aber die Art, wie sie das heilige Abendmahl hielten, brachte sehr bald die lutherische Geistlichkeit gegen sie auf, die fortan den Rat unablässig gegen sie einzunehmen suchte. So hatte der Rat große Mühe, ihren Wünschen nach Abhaltung des reformierten Gottesdienstes gerecht zu werden. Es wurde ihnen nicht erlaubt, eigene Gotteshäuser in der Stadt zu errichten. Viele wanderten enttäuscht wieder ab und fanden eine neue Heimat im benachbarten Hanau und in Frankenthal in der Pfalz.

Als 1594 der flämische Prediger Gomarus sogar aus der Stadt verwiesen wurde, halfen sich die in Frankfurt Verbleibenden, indem sie ihren Gottesdienst nach dem benachbarten hanauischen Dorfe Bockenheim verlegten. Erst 200 Jahre später obsiegten sie in einem bei dem Reichshofrat in Wien durch Jahrzehnte geführten Prozeß, der ihnen die Möglichkeit zum Bau zweier reformierter Kirchen (der deutsch-reformierten und der französisch-reformierten) in der Stadt eröffnete; doch durften diese beiden Kirchen weder Türme noch Glockengeläut haben.

Diese Ereignisse gewannen eine für Frankfurts Entwicklung außerordentliche Bedeutung. Die Niederländer brachten eine große geistige Beweglichkeit, handwerkliche und kaufmännische Fähigkeiten mit. Ganz neue Gewerbe fanden mit ihnen Eingang: Baumwoll- und Seidenweber,

Wohnzimmer im Haus zur Goldenen Waage (um 1620)

Färber, Goldschmiede und Edelsteinschneider. Den im althergebrachten Geleise vielfach starr gewordenen Zünften erwuchs mit ihnen ein gefährlicher Wettbewerb und neuer Ansporn zur Selbstbehauptung. Neben die Enge des Handwerks trat hier erstmals eine Industrie, die sich mächtig entfaltete und zum neuen Aufblühen der Messestadt erheblich beitrug. Auch im Handel und im Geldgeschäft schalteten sich die „Welschen" ein. Bald gehörten viele von ihnen zu den reichsten und angesehensten Familien der Stadt. Waren sie als Reformierte auch nicht im Rate vertreten, so ruhte auf ihnen doch ein bedeutender Teil der wirtschaftlichen Geltung Frankfurts.

Ein Blick in das Wohnzimmer des aus den Niederlanden zugewanderten Zuckerbäckers Abraham van Hamel in seinem Hause zur Goldenen Waage läßt den Reichtum dieser neuen Bürgerschicht ahnen.

Die Judengasse im 18. Jahrhundert

Wirtschaftliche und soziale Nöte

Die durchgreifende Wandlung in der wirtschaftlichen Struktur, die schon im 15. Jahrhundert anhebt, hatte aber auch ihre Schattenseiten. Durch die stetig wachsende Einfuhr englischer und niederländischer Tuche ging die vorher so blühende Wollweberei in Frankfurt zugrunde. Handelsgesellschaften und Monopolbestrebungen führten zur Bereicherung Weniger, während der gewerbliche Mittelstand zu leiden hatte. Die schwere Wirtschaftskrisis, unter der manche deutsche Städte, so auch die Nachbarn Mainz und Wetzlar, finanziell zusammenbrachen, wirkte sich auch auf das kräftigere Frankfurt aus. Aus der Verelendung breiter Volksschichten werden die inneren Unruhen der Zeit erst ganz begreiflich. Der Schmalkaldische Krieg stürzte Frankfurt in neue, schwerste Verlegenheiten. Eine mißlungene Beteiligung der Stadt am Mansfelder Bergbau vermehrte das Übel. Die Verschuldung wuchs und nötigte zur Auflage einer bisher unbekannten Vermögenssteuer, welche jedoch die kleinen Leute traf und die Begüterten schonte, weil über eine Höchstgrenze hinaus keine Steigerung der Abgabe eintrat. Durch die „Welschen“ nahm der Kapitalismus einen beträchtlichen Aufschwung. Mit der Verarmung weiter Schichten, besonders des alten Handwerks, war eine sittliche Verwilderung verbunden.

Die Juden

Der Haß richtete sich besonders auch gegen die seit dem 12. Jahrhundert in Frankfurt ansässigen Juden, die als Schutzbefohlene des Königs trotz zweimaliger Verfolgung (1241 und 1349) sich hatten behaupten können. Ursprünglich wohnten sie frei in der Nachbarschaft des Domes. Da sie aber dort angeblich Störungen des Gottesdienstes verursachten, verpflanzte sie der Rat 1462 in eine besondere Gasse vor der östlichen Stadtmauer. Ihre Rechtsstellung wurde in einem mindestens alle drei Jahre zu erneuernden Aufnahmevertrag, der sogenannten „Stättigkeit“, festgelegt. Trotz dieser Beschränkung stieg ihre Zahl fortwährend durch Zuzug von außen. Ihre aus der Beschränkung auf den Geldhandel als einzige erlaubte Erwerbsquelle entspringende Bereicherung am Wechsel- und Darlehensgeschäft und der Verkauf der an sie gelangten Pfänder gaben besonders dem Kleinbürgertum Anlaß zu Unwillen und feindseliger Gesinnung, während der Rat sie ihrer Finanzkraft wegen zu schätzen und zu schützen wußte.

Fettmilch-Aufstand und Bürgervertrag

Als 1612 Erzherzog Mathias in Frankfurt zum deutschen Kaiser gewählt wurde, kam die allgemeine Gärung zum Ausbruch. Die patrizischen Geschlechter hatten durch ihre Vetternwirtschaft, durch ihr vielfach verschwenderisches Leben, ihre eigennützige Ausbeutung städtischer Einkünfte und auch vereinzelt durch Bestechlichkeit und Unredlichkeit Anlaß genug zur Klage gegeben. Zu den Unzufriedenen gehörten jedoch nicht nur die kleinen Bürger, sondern auch alle die, die an dem bestehenden Regiment der Geschlechter keinen Anteil hatten: die neue Schicht der akademisch gebildeten Juristen, die außerhalb des Rats stehenden Kaufleute und Unternehmer, die durch ihr abweichendes Bekenntnis zurückgestoßenen Katholiken und Reformierten.

Als die Zünfte und die Bürgerschaft den ihr vermöge der Goldenen Bulle unter Androhung des Verlustes aller ihrer Rechte, Freiheiten und Privilegien im Falle des Ungehorsams auferlegten Sicherheitseid für die Kurfürsten leisten sollten, weigerten sie sich, zu schwören, ehe ihnen nicht von dem Inhalt dieser Vorrechte Kenntnis gegeben

Plünderung der Judengasse und Vertreibung der Juden im Fettmilch-Aufstand 1614

sein würde. Zugleich verlangten sie geeignete Maßnahmen gegen die allzu zahlreichen Juden und den von ihnen getriebenen Wucher; außerdem baten sie um die Errichtung eines öffentlichen, wöchentlichen Kornmarktes, um der lastenden Teuerung entgegenzuwirken. Der Rat verhielt sich völlig ablehnend, weil er nicht geneigt war, die Grundlagen seiner Macht einer Nachprüfung preiszugeben, und auch die Kurfürsten und der Kaiser unternahmen nichts zur Beschwichtigung der aufgebrachten Gemüter. Da die Bewegung drohende Formen annahm, verließ der Kaiser eilends die Stadt.

Eine Rechtfertigungsschrift der Zünfte und der Bürgerschaft gegen den ihnen gemachten Vorwurf der Rebellion ließ der Rat unbeantwortet. Im Unterschied zu 1525 fehlte es den im Regiment sitzenden Herren völlig an der Einsicht, die vielleicht durch leichte Zugeständnisse das im Grunde gutgesinnte Volk hätte beschwichtigen können. Die starre Haltung des Rates erst gab dem Aufruhr rechte Nahrung.

Hinrichtung von Fettmilch und Genossen 1616

Ein revolutionärer Ausschuß unter Anführung des Lebküchlers Vincenz Fettmilch, welchem neben Vertretern der Zünfte auch andere angesehene Bürger, namentlich aus dem Kreise der Reformierten, angehörten, drang in den Römer ein, um den Forderungen der Bürger, vorerst noch in gemäßigter Weise, Nachdruck zu verleihen. Bewaffnete Gruppen durchzogen die Straßen und wachten darüber, daß der Rat nicht heimlich Hilfe von auswärts heranholen konnte. Erneute, vergebliche Vorstellungen des Ausschusses im Römer verschärften die Lage. Nachdem man die Beauftragten der Bürgerschaft, unter denen nun Fettmilch deutlich die Führung übernahm, am 7. Juli stundenlang hatte warten lassen, erschien der Ratsschreiber, um gegen die fortwährende Störung der Geschäfte, die Drohungen und die eigenmächtige Bewaffnung zu protestieren.

Die Privilegien, auf deren Bekanntgabe die Anführer drängten, seien zum Behufe des städtischen Regiments gegeben worden und könnten deshalb nicht verlesen werden; wer sich am Rat vergreife, vergreife sich an Kaiser und Reich. Gleich darauf erschien der Ratssyndikus Kellner, legte die Schlüssel zu den Privilegien vor den Versammelten hin und erklärte, daß damit der Rat unter dem Druck der anmaßenden Bürgerschaft das Regiment niederlege, er werde sich aber vor Kaiser und Reich rechtfertigen. Es zeugt von Fettmilchs Klugheit, daß er diese Provokation zurückwies, aber nun ernster als zuvor auf den Zorn der Bürgerschaft hinwies. Obwohl jetzt der Rat zögernd nachgab, war die Unruhe nicht mehr zu dämpfen.

Auf Betreiben des bedrohten Rates ernannte Kaiser Mathias zur Untersuchung und Beilegung der Revolte Erzbischof Johann Schweikardt von Mainz und Landgraf Ludwig von Hessen-Darmstadt zu Kommissaren, die ihrerseits Subdelegierte nach Frankfurt entsandten. Auch die befreundeten Reichsstädte Speier, Worms und Straßburg boten ihre Vermittlung an, Nürnberg und Straßburg drückten ihre Besorgnis wegen der Messen aus. Nach sorgfältiger Prüfung durch die Subdelegierten kam es zu einem Ausgleich. Der Rat mußte sich einer neuen Ordnung fügen, welche in dem Bürgervertrag vom 21. Dezember 1612 ihren Ausdruck fand. Der Anteil der Geschlechter im Rate wurde stark eingeschränkt, achtzehn neue Ratsherren aus der Bürgerschaft gewählt, ein Kollegium von Rechnungsprüfern, die „Neuner“, eingesetzt. Die gesamte Bürgerschaft sollte in Gesellschaften und Zünfte eingeteilt werden. Eine bessere Regelung wegen der Juden wurde in Aussicht gestellt.

Aber nur ein Teil dieser Reformen kam sogleich zur Ausführung. Eine wirkliche Vertretung der Bürgerschaft kam nicht zustande. Die sozialen und wirtschaftlichen Mißstände waren durch den Vertrag nicht behoben. Der

Bender-Umzug auf dem zugefrorenen Main (1740)

revolutionäre Ausschuß, der bestehen blieb, und dessen ehrgeiziger Führer Fettmilch immer stärker hervortrat, betrachtete sich als den Vertreter aller alten und neuen Forderungen und Anklagen auch gegenüber dem nun erweiterten Rat. Jegliche Ordnung und Sicherheit in der Stadt geriet ins Wanken. Man verweigerte vielfach die Zahlung der Steuern, man eignete sich gewaltsam Holz aus dem Walde und das Vieh benachbarter Gemeinden an, man behelligte insbesondere die Juden. Seit bekannt wurde, daß ein Ratsherr, Johann Friedrich Faust von Aschaffenburg, heimlich beim Kaiser die Aufhebung des Bürgervertrags betrieb, richtete sich die Tendenz der Anführer auf die völlige Beseitigung des alten Rates. Die angesichts dieser Entwicklung notwendige Wiederkehr der zum Gehorsam im Namen des Kaisers mahnenden Subdelegierten und die beschwörenden Worte der Sendboten von Straßburg, Nürnberg, Ulm, Speier und Worms vermochten das Treiben nur für kurze Zeit aufzuhalten.

Stadtschultheiß Johann Martin Baur von Eysseneck

Lebküchler Vincenz Fettmilch hingerichtet 1616

Die Mitglieder des alten Rats wurden schließlich für drei Tage und Nächte im Römer gefangen gehalten und nach Ablegung einer demütigenden Rechenschaft zum Rücktritt genötigt.

Aber schon begann sich ein Umschwung abzuzeichnen. Die verbliebenen Ratsmitglieder und ein Teil der Zünfte unterwarfen sich, als Ende Juli 1614 ein kaiserlicher Herold bei Androhung der Reichsacht Gehorsam forderte und den alten Rat für allein rechtmäßig erklärte. Die Subdelegierten beriefen die Altgesellen zu sich und eröffneten ihnen, daß sie für unehrlich erklärt würden, falls sie weiterhin gemeinsame Sache mit den nicht parierenden Meistern machten. Aber an dieser Drohung entflammte der Aufruhr neu; am gleichen Tage noch (22. August) drang der wilde Haufe unter Fettmilchs Führung plündernd in die Judengasse ein. Erst das Eingreifen bewaffneter Bürger auf Veranlassung des Rates machte dem Greuel ein Ende; die Juden aber zogen es vor, eilends die Stadt zu verlassen.

Ein den Subdelegierten abgetrotztes Zugeständnis zur interimistischen Ergänzung des verbliebenen Rats war der letzte Erfolg der Aufständischen. Ende September erschien abermals ein Herold; diesmal brachte er die Erklärung der Reichsacht gegen Fettmilch und seine Helfer. Einer von ihnen, Konrad Gerngroß, unterwarf sich. Fettmilch selbst aber gab nicht nach; erst Ende November gelang es einem der neuen Ratsherren, Hans Martin Bauer, ihn gefangen zu nehmen und an Mainz auszuliefern. Man machte ihm den Prozeß, und am 28. Februar 1616 wurde er mit den übrigen Hauptschuldigen auf dem Roßmarkt hingerichtet. Einige Mitschuldige peitschte man öffentlich aus und verwies sie der Stadt. Unter dem Druck der Besetzung durch hessische und mainzische Truppen wurde die Ordnung wieder hergestellt. Auch die Juden kehrten zurück und erhielten eine neue „Stättigkeit".

Der Dreissigjährige Krieg

Diese Ereignisse standen schon im Schatten der politischen Hochspannung im Reiche, welche sich wenige Jahre später im großen Kriege entlud. Der Dreißigjährige Krieg hat Frankfurt in mancherlei Bedrängnis versetzt, aber die kluge Zurückhaltung des Rates und die Erinnerung an die Folgen kaiserlicher Ungnade haben es vor schwereren Schäden bewahrt. Tilly besiegte den „tollen Braunschweiger" Herzog Christian, der bei Höchst eine Brücke über den Main geschlagen hatte (1622), aber eine Besetzung der Stadt konnte durch Geld abgewendet werden. Es gelang sogar, von dem Feldherrn der Liga sowie später von Wallenstein Schutzbriefe für die zu den Frankfurter Messen reisenden Kaufleute zu erhalten.

Neue Gefahr erwuchs erst durch den Vormarsch König Gustav Adolfs von Schweden im Oktober 1631. Unter

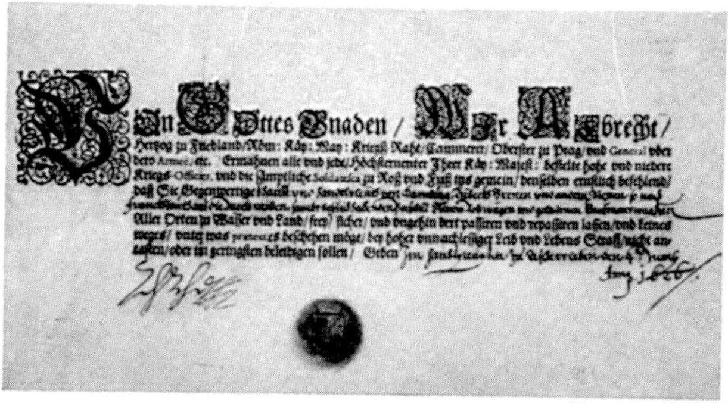
Von Gottes Gnaden / Wir Albrecht / Herzog zu Friedland / Röm: Kay: May: Kriegs Rath / Cammerer / Oberster zu Prag / und General ober dero Armee / etc. Ermahnen alle und jede / Höchstermelter Ihrer Kay: Majest: bestelte hohe und niedere Kriegs-Officier, und die Samptliche Soldatesca zu Roß und Fuß ins gemein / denselben ernstlich befehlend / daß Sie Gegenwertige [illegible] Aller Orten zu Wasser und Land / frey / sicher / und ungehindert passiren und repassiren lassen / und keines wegs / unter was praetext es beschehen möge / bey hoher unnachlessiger Leib und Lebens Straff / nicht anfallen / oder im geringsten beleidigen sollen / Geben [illegible]

Messe-Schutzbrief mit Wallensteins Unterschrift

Versprechungen und Drohungen forderten seine Abgesandten die Einlassung einer schwedischen Garnison und die Erlaubnis zu Werbungen in der Stadt. Frankfurt berief sich auf die dem Kaiser schuldige Treue, ohne sich völlig dem Ansinnen des Schweden zu widersetzen. Aber es gelang trotz zähesten Verhandlungswillens nicht, die Besetzung zu vermeiden. Nachdem Abgesandte des Rates in Steinheim vor dem König erschienen und gnädig empfangen worden waren, zog Gustav Adolf mit seiner Armee durch die Stadt (17. November); er selbst nahm im Braunfels Quartier. Seine Forderungen jedoch nahmen kein Ende. Er setzte es durch, daß ihm Rat und Bürgerschaft trotz allen Sträubens den Treueid leisteten; dafür versprach er ihnen Schutz und Bewahrung ihrer Privilegien.

Frankfurt war ihm vor allem als wirtschaftlicher und militärischer Schlüsselpunkt in Deutschlands Mitte wichtig. Es ist denkbar, daß Gustav Adolf insgeheim erwogen hat, sich dereinst hier zum deutschen König wählen zu lassen.

Einzug König Gustav Adolfs von Schweden, 17. 11. 1631

Schwer lasteten die Einquartierungen und die immer erneuten Forderungen an Sold und Ausstattung für die Soldaten, Anleihen für die Kriegsführung und besonders die Wegnahme des in Frankfurt verbliebenen Eigentums kaiserlicher Offiziere. Während Kaiser Ferdinand deswegen die Stadt ernstlich verwarnen ließ, drohte der Schwede, die Messen nach dem von ihm eroberten Mainz zu verlegen. Die Bedrängnis hörte auch nicht auf, als Gustav Adolf nach Tilly's Einnahme von Bamberg mit dem Gros seiner Armee gegen Franken aufbrach. Eine schwedische Garnison blieb, und der Kanzler Oxenstierna drohte nun sogar mit Plünderung, falls der Rat sich weigern würde, Geld und Naturalien in der auferlegten Höhe zu liefern.

In diesen Jahren wurde der Dom abermals den Protestanten eingeräumt. Eine umfassende Säkularisation geistlicher Güter sollte der Stadt als Gegenleistung für die geleisteten Dienste zugute kommen; nur das Deutsch-

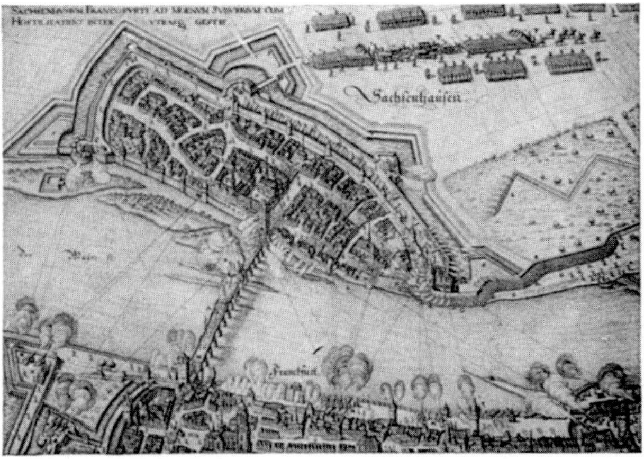

Beschießung der Stadt, August 1635

ordenshaus behielt sich der König selber vor. So lebte Frankfurt zwischen Furcht und Bewunderung, als Gustav Adolf bei Lützen fiel. Aber ein Wandel trat erst ein, als 1634 die Reste des schwedischen Heeres nach ihrer schweren Niederlage bei Nördlingen auf Frankfurt zurückfluteten; der Krieg rückte in bedrohliche Nähe. Das Jahr 1635 brachte noch einmal schlimme Zeit. Zwischen einer noch in Sachsenhausen verbliebenen schwedischen Besatzung und den städtischen, durch eine kaiserliche Schar unter Oberst Lamboy verstärkten Söldnern kam es zum Kampf um die Mainbrücke. Die Schweden mußten das Feld räumen, aber nun blieben die Kaiserlichen, und zahlreiche Flüchtlinge vom Lande lagerten in den Gassen und im Schutze der Mauern. Teuerung, Hunger und Pest rafften Tausende hin. Solche Not zog sich noch durch eine Reihe von Jahren, bis der Westfälische Friede die lang ersehnte Befreiung brachte.

Festungsingenieur
Johann Wilhelm Dilich

Kupferstecher und Verleger
Matthäus Merian d. Ä.

Die Stadtbefestigung

Bei den kriegerischen Ereignissen des 16. Jahrhunderts war erkannt worden, daß die mittelalterliche Befestigung keinen ausreichenden Schutz gegen die neuartigen Belagerungswaffen bot. Man half sich zunächst durch Aufschüttung einiger Erdwälle, auf denen auch Geschütze postiert werden konnten. Der Ausbruch des großen Krieges trieb zu ernsteren Maßnahmen. Tilly's Sieg über den Braunschweiger fast unter den Augen der Stadt und die erneute Annäherung von Kriegsvolk im Jahre 1626 gaben den letzten Anstoß. Der junge Ingenieur Johann Wilhelm Dilich aus Kassel und Mathias Staudt aus Mannheim erhielten den Auftrag zur gründlichen Umgestaltung der Befestigungsanlagen. Große Schwierigkeiten bereiteten die Aufbringung der Mittel und die Stellung der Arbeitskräfte — Bürger und Juden wurden dazu herangezogen. Als die Schweden 1631 erschienen, war das Werk noch ganz unzureichend. König Gustav Adolf selbst und die schwedischen Kommandanten in Frankfurt bekümmerten sich um kräftigen Fortgang. Aber erst lange nach der Schwedenzeit (1667) kamen die Arbeiten zum Abschluß. So waren nun die alten, geradlinig verlaufenden Mauern mit ihren Türmen und Toren umgürtet durch einen Kranz vorspringender, fester Bastionen, die eine flankierende Abwehr jedes Belagerers ermöglichten.

Die von Matthäus Merian d. Ä. 1618, 1628 und 1635 geschaffenen großartigen Kupferstiche der Frankfurter Stadtansicht geben uns ein anschauliches Bild dieser durch die Entwicklung der Feuerwaffen bedingten Wandlungen (vgl. den Ausschnitt aus dem Merian-Plan auf dem hinteren Vorsatzblatt). Heute noch zeugt der seltsam anmutende Zickzackverlauf der Straßen um den Anlagenring von den gigantischen Verteidigungswerken aus der Zeit des 30jährigen Krieges.

Nach dem Grossen Kriege

Im Unterschied zur ländlichen Umgebung und zu manchen anderen Städten ist aber Frankfurt noch glimpflich durch den Krieg gekommen. Selbst in dieser Epoche erlag der Handel nur vorübergehend. So nimmt es nicht wunder, daß die Stadt schon bald nach dem Kriege wieder aufzublühen begann. Für die beinahe zu üppige Lebenshaltung mancher Kreise ist der Erlaß von Verordnungen wider den Luxus (1621, 1640) bezeichnend. Das prächtige Haus zur Goldenen Waage ist 1624 erbaut, das zierliche Treppentürmchen im Römerhof 1627. Ein erster, hohen Ansprüchen genügender großer Gasthof, das Rote Haus an der Zeil, entstand um 1640. So bot die Stadt 1658 bei der prunkvollen Wahl und Krönung Leopolds I. einen würdigen Rahmen. Monatelang zuvor hatten die Kurfürsten mit ihrem Gefolge in ihr geweilt und im Römer getagt, um

Der Kaiser im Krönungsschmuck mit den Reichsinsignien:
Krone, Zepter und Reichsapfel (Leopold I. 1658)

Vor dem Eschenheimer Tor (Zehender, 1772)

nicht nur die Wahl des Kaisers zu betreiben, sondern auch über alle wichtigen Fragen der Reichspolitik zu konferieren. Ein großer Zustrom schaulustiger Fremder vornehmen und bürgerlichen Standes belebte die Gassen und Häuser. Frankfurt durfte sich als Hauptstadt und Mittelpunkt des Reiches fühlen.

Über hundert Jahre lang blieb die Stadt von den großen kriegerischen Ereignissen fast unberührt. Nur 1689 im Pfälzischen Kriege drohte zum ersten Male die Gefahr einer Besetzung durch die Franzosen. Oberrad und Niederrad wurden von ihnen angezündet, Frankfurt selbst aber entging dem Schicksal von Worms, Speyer, Heidelberg und Mannheim, die der zurückweichende Feind niederbrannte und zerstörte. Die aus ihren Städten gewichenen Räte von Speyer und Worms fanden hier gastliche Aufnahme und Hilfe für den Wiederaufbau.

Der „große Christenbrand“ 1719

Brände

Im ersten Drittel des 18. Jahrhunderts wurde Frankfurt, das seit dem 13. Jahrhundert Katastrophen solcher Art nicht gekannt hatte, mehrfach von großen Feuersbrünsten heimgesucht. 1711 im „großen Judenbrand“ und abermals 1721 sank die Judengasse in Asche; 1719 verwüstete der „große Christenbrand“ nahezu vierhundert Häuser zwischen Schnurgasse und Töngesgasse. Neue Bauordnungen änderten an dem Gassengrundriß der alsbald wieder aufgebauten Viertel fast nichts, weil die Enge der in ihren Festungsgürtel eingezwängten Stadt eine weiträumigere Unterbringung der betroffenen Familien nicht zuließ. Nur die Beschränkung der Stockwerksüberhänge machte die neuen Gassen wenigstens etwas luftiger.

Als 225 Jahre später Alt-Frankfurt und weite Bezirke der Großstadt im Feuersturm der Brandbomben des Zweiten Weltkrieges untergingen, wurden über 40 000 Häuser beschädigt, darunter 11 500 völlig vernichtet; 5 800 Menschen büßten ihr Leben ein.

An dem nach wie vor in den patrizischen Gesellschaften vererbten städtischen Regiment haben auch die Ereignisse des 17. Jahrhunderts keine wesentliche Änderung bewirkt.

Die wichtigste Errungenschaft des Fettmilchaufstandes war der Bürgervertrag von 1612 gewesen. Da die Bewegung mit der Aufhebung der Zünfte und ihrer Umwandlung in einfache Gewerbsvereine endete, fiel es dem wieder eingesetzten alten Rat nicht schwer, die darin enthaltenen Beschränkungen seiner Alleinherrschaft zu beseitigen. Insbesondere fiel das einzige, aus der Wahl der Bürgerschaft hervorgegangene Revisionskollegium über die städtischen Rechnungen, das Kolleg der „Neuner". Auch unterblieb die vorgesehene Einteilung der Bürgerschaft in Gesellschaften. Nur eine, nicht unbedeutende Einrichtung aus jenen Tagen blieb bestehen: die erst 1614 zur Wiederherstellung der Ordnung und zum Selbstschutz der Bürger vorgenommene Einteilung der Stadt in (16 bzw.) 14 Quartiere wurde Sammelpunkt einer Bürgerkompanie, in welcher gerade die unteren Klassen der Bevölkerung zu dienen verpflichtet waren, während die höheren Stände als „Privilegierte" frei blieben. An der Spitze eines jeden stand ein Bürgerkapitän. Das Kollegium dieser Männer, die sich als alleinige Vertreter der Bürgerschaft fühlten, machte sich nun zum Träger aller gegen das oligarchische Regiment der großen Ratsfamilien vorzubringenden Klagen.

Die Nachfolge Kaiser Leopolds I. trat 1705 sein Sohn Joseph I. an, doch unterblieb wegen der Kriegsgefahr eine feierliche Krönung. Für das abwesende neue Oberhaupt des Reiches nahm Graf Friedrich Ernst zu Solms-Laubach aber die Huldigung der Frankfurter entgegen. Bei dieser Gelegenheit überreichten die Bürgerkapitäne eine Bitt-

An die

Römisch-Kayserl.

Auch in

Hispanien / zu Hungarn und Böheim Königl.

Majestät

Allerunterthänigste

Beybringung

Einer

Verzeichnüß /

Bißhero noch von An. 1724. unerledigten Exhibitorum, und Bitte pro clementissime demandanda relatione petitisque conformiter reflectendo,

Burgerlichen Deputirtens /

In Sachen

Franckfurt

Contra

Franckfurt /

Bey

Höchst-preißlichen Reichs-Hof-Rath

den 30. October 1730. übergeben.

Mit Beylag A. Commiss.

schrift, in welcher die Wiederherstellung des Bürgervertrages von 1612 und der Judenstättigkeit gefordert wurde. Da der Rat, wie zu erwarten war, sogleich Gegenmaßnahmen einleitete, entsandten nun die Bürgeroffiziere Vertreter nach Wien.

Der erbittertste Gegner erwuchs dem Rate in der Person des wegen eines persönlichen Konfliktes mit dem älteren Bürgermeister abgesetzten Bürgerkapitän Johann Wilhelm Fritsch aus Sachsenhausen. Er überreichte in Wien eine Zusammenfassung der bürgerlichen Klagen, die Tractatio gravaminum. Gegenstand der Beschwerde waren die Abschaffung der Neuner, die unkontrollierte finanzielle Wirtschaft des Rates, Erhöhung der Steuern, Ämtermißbrauch, Vergeudung des städtischen Vermögens und Veruntreuung der Einkünfte der milden Stiftungen, besonders des Heiliggeist-Spitals. Beide Parteien suchten durch Überredung und Bestechung die maßgeblichen Stellen beim Kaiserhofe und in Mainz zu gewinnen. Dennoch wäre wohl für die Bürger nichts zu erreichen gewesen, wenn nicht der kaiserliche Resident in Frankfurt, Johann Georg von Völckern, aus eigener Überzeugung sich der Sache in seinen Berichten an den Wiener Hof angenommen hätte. So kam es endlich, nach der Krönung Karls VI. in Frankfurt (1712), zur Einsetzung des Erzbischofs von Mainz und des Landgrafen von Hessen-Darmstadt als kaiserliche Kommissare für die politischen Angelegenheiten.

Im Unterschied zu 1525 und 1612 ist der Streit zwischen Rat und Bürgerschaft diesmal nicht in Gestalt einer Volkserhebung ausgetragen worden. Stattdessen gab es einen, sich über mehr als zwanzig Jahre hinziehenden Prozeß „Frankfurt contra Frankfurt". Die Prüfung des städtischen Finanzwesens und der Stiftungen wurde dem Kaiserlichen Geheimen Rat Graf Melchior Friedrich von Schönborn — und nach dessen Tode seinem Sohne Graf

Der Weinmarkt am Fahrtor (J. F. Morgenstern, um 1800)

Rudolf Erwein von Schönborn — sowie dem Hofkammerrat von Nentwig übertragen. Das Ergebnis der mit äußerster Gründlichkeit geführten Untersuchungen wurde in Form kaiserlicher Resolutionen von 1716, 1725 und 1732 niedergelegt; es hat die Grundlage der städtischen Verfassung und der städtischen Finanzwirtschaft bis zum Ende der reichsstädtischen Zeit gebildet.

Der Bürgervertrag von 1612 wurde in Erinnerung gebracht. Neben das schon 1716 wieder ins Leben gerufene Neuner-Kollegium zur Prüfung der städtischen Rechnungen trat 1732 als eigentliche Vertretung der Bürgerschaft, hauptsächlich in Finanzsachen, eine weitere Körperschaft, die „Einundfünfziger"; diese haben im 19. Jahrhundert unter der Bezeichnung der „Ständigen Bürger-Repräsentation" bis zur Einverleibung Frankfurts in Preußen weiter bestanden. Als Organ der 51er sorgten in den städtischen Ämtern sogenannte Gegenschreiber für beständige Kontrolle der Geschäfte durch die Führung von Gegenbüchern. So war ein Fortschritt erzielt worden, ohne daß es zu Unruhen gekommen wäre. Der Einfluß der Patriziergeschlechter trat allmählich zurück, aber die Ausübung der reichsstädtischen Herrschaft und Verwaltung blieb doch in den Händen einer kleinen auserwählten Schicht. In steigendem Maße gewannen die durch den Aufschwung von Handel und Industrie reich gewordenen Familien Einfluß.

Wandlungen der Lebensverhältnisse, kulturelles Leben

Die Zeit stand im Zeichen der Abkehr von den Wirtschaftsformen des Mittelalters und der zunehmenden Herrschaft von Kapital und Industrie. Neue Handelsbeziehungen verknüpften Frankfurt mit den erstarkenden Nationalstaaten Westeuropas und entschädigten es wenigstens teilweise für den Verlust des osteuropäischen Verkehrs, den Leipzig an sich zu fesseln verstand. Als Hauptort des Oberrheinischen Kreises sah es eine große Zahl von Vertretern deutscher und ausländischer Staaten und Fürsten häufig in seinen Mauern. Französische Sitten und französischer Luxus griffen um sich. Aber der Handwerkerstand, der, vom Rate vielfach unterstützt, sich gegen die neuen Industriezweige und die Einfuhr ausländischer Fertigwaren heftig wehrte, litt zunehmend Not.

War das Ansehen der Bürgerschaft in Stadt und Reich in erster Linie seinen kaufmännischen Tugenden zu verdanken, so beruhte der Ruhm Frankfurts doch nicht ausschließlich auf seiner Stellung im wirtschaftlichen Leben.

Städtischer Musikdirektor
Joh. Andreas Herbst

Georg Philipp Telemann
Musikdirektor in Frankfurt

Die gut erhaltene, wahrscheinlich von dem Domherrn Baldemar von Peterweil im 14. Jahrhundert verfaßte Dirigierrolle eines mittelalterlichen Passionsspiels gibt uns lebendiges Zeugnis jener, die gesamte Bürgerschaft ergreifenden Schauspiele. Der Weg führt aus dieser Frühzeit der dramatischen Kunst mit geringen Unterbrechungen — namentlich der Reformationszeit — weiter über die Fastnachtsspiele und die humanistischen Komödien, über die Darbietungen englischer, französischer und italienischer Wandertruppen, über die „Haupt- und Staatsaktionen" und die deutschen Singspiele des 17. und 18. Jahrhunderts bis zur Eröffnung eines ersten städtischen Theatergebäudes im Jahre 1782.

Auch bei dem Musikleben liegen die Anfänge im mittelalterlichen Gottesdienst. Weltliche Spielleute durften bei Volksfesten, vor allem an den Tagen der Königswahl und der Krönung, nicht fehlen. In der Barfüßerkirche

Adam Elsheimer,
„der Maler von Frankfurt“

Joachim von Sandrart

wirkte der erste städtische Kapellmeister Johann Andreas Herbst († 1666). Die Patriziergesellschaft Frauenstein förderte das Entstehen eines Collegium musicum, das durch die Wirksamkeit Georg Philipp Telemanns zu hoher Blüte kam.

In der bildenden Kunst muß an die große Zahl bekannter und ungenannter Meister aus den Reihen des zünftigen Handwerks, unter ihnen vornehmlich die Goldschmiede, angeknüpft werden, deren bedeutendster Vertreter Hans Dirmstein († 1494) gewesen ist. Hohen Auftrieb erfuhren Malerei und Bildhauerkunst. Im Auftrage des reichen Patriziers Jakob Heller schuf Albrecht Dürer für die Frankfurter Dominikanerkirche einen Marienaltar, der Mainzer Hans Backoffen die uns noch heute erfreuende Kreuzigungsgruppe im Dom. Die Frankfurter Maler Adam Elsheimer († 1620) und Joachim von Sandrart († 1688) brachten es zu universalem Ruhm; aus Sandrarts

Feder stammt zudem die früheste deutsche Kunstgeschichte. Als Kupferstecher gaben ihnen Matthäus Merian der Ältere († 1650) und seine Kinder nichts nach; ihre Ansichten und Pläne haben uns das deutsche Stadtbild des 17. und 18. Jahrhunderts übermittelt.

Der als Wahrzeichen die Stadt noch heute beherrschende gotische Pfarrturm ist ebenso wie der Eschenheimer Torturm ein Werk des größten Frankfurter Baumeisters Madern Gertener. Eberhard von Friedberg († 1458) danken wir das Fahrtor und den Rententurm, Hans Flücke von Ingelheim († 1493) den vorläufigen Abschluß des Domturms mit einer runden Kuppel, wie er bis zum Brand von 1867 ausgesehen hat.

Das geistige Leben erfuhr reiche Förderung durch den patrizischen Kreis um Hamman und Justinian von Holzhausen, Philipp Fürstenberger, Klaus Stalburg und Arnold von Glauburg. Diese Männer beriefen den Humanisten und Freund Luthers Wilhelm Nesen, um eine Lateinschule einzurichten, deren weiterer Ausbau dem lateinischen Poeten Jacob Micyllus († 1558) zu danken ist und deren Tradition noch in den heutigen städtischen Gymnasien weiterlebt. Schon zuvor (1502) hatte der Schultheiß Dr. Ludwig zum Paradies seine wertvolle Büchersammlung der Stadt vermacht und damit den Grundstock zur städtischen Bibliothek geschaffen, die in der Folgezeit durch Nachlässe und Vermächtnisse bedeutender Sammler und Gelehrten, wie Johann Maximilian zum Jungen († 1649) und die Brüder Johann Friedrich und Zacharias Konrad Uffenbach († 1769 und 1734) weitere große Bereicherung erfuhr. Der Schöff Achilles August von Lersner sammelte alles, was ihm an historisch Wissenswertem bei seiner Tätigkeit im öffentlichen Leben begegnete und trug es in der 1711 erschienenen, durch seinen Sohn 1734 ergänzten Chronik „aus auffrichtiger Lieb vor Franckfurt“ zum Nutzen der Nachwelt zusammen.

Philipp Jakob Spener
Senior des Predigerministeriums

Johann Christian Senckenberg
Arzt und Wohltäter

Auch die Naturwissenschaft und die Medizin hatten hervorragende Vertreter. Dr. Johann Hartmann Beyer († 1625) tat sich ebenso sehr als Schöff und Bürgermeister wie als Arzt, Mathematiker und Naturforscher hervor. Der Name Johann Christian Senckenbergs († 1772) hat noch heute Klang durch seine Stiftung eines Bürgerhospitals und durch seine botanischen und anatomischen Einrichtungen, deren Tradition in der Universität fortlebt.

Der städtische Syndikus Dr. Johann Fichard hat das Gewohnheitsrecht Frankfurts in dem Gesetzbuch der „Erneuerten Reformation“ von 1578 zusammengefaßt und damit eine bis in das 19. Jahrhundert gültige Grundlage für die Regelung aller rechtlichen Angelegenheiten geschaffen.

Wenn wir der Theologen gedenken, deren Wirkung von Frankfurt aus in die Welt gegangen ist, so haben wir jenen namenlosen „Frankfurter“ aus dem Deutschordenshause zu nennen, dessen um 1400 verfaßte „Deutsche Theologie“ durch ihre Wärme und Gemütstiefe Luther stark beeinflußt und zu ihrer Herausgabe im Druck bewogen hat. In Frankfurt hat aber auch eine andere Bewegung zur Erneuerung echter Frömmigkeit ihren Ursprung genommen: hier wirkte an der Spitze der evangelischen Predigerschaft Philipp Jakob Spener (1666-1686); hier sind seine „Collegia Pietatis“ entstanden, die der Bewegung den Namen des Pietismus gegeben haben.

Obwohl Frankfurt an den Anfängen der Buchdruckerkunst nicht wesentlich beteiligt war, haben Buchdruck und Buchverlag vom 16. Jahrhundert ab dank der Handelsbedeutung der Stadt sich kräftig entwickelt. Der erste ständige Drucker in Frankfurt war Christian Egenolff; zu besonderem Ansehen kamen Sigmund Feyerabend und die Familie Merian. Die jährlichen Frankfurter Buchmessen waren in Deutschland führend, bis sie im 17. Jahrhundert durch Leipzig überflügelt wurden, weil hier eine allzu engherzige, im Namen des Kaisers ausgeübte Zensur den Vertrieb freier geistiger Erzeugnisse lähmte.

Goethes Jugendwelt

So beschaffen war die Umwelt, in der Johann Wolfgang Goethe 1749 am Großen Hirschgraben geboren wurde. Die Lebenshaltung der führenden Familien gab der Stadt ein Gepräge von Wohlhabenheit und Luxus, das dem Zeitalter angemessen war. Der Aufstieg der von auswärts zugezogenen Familie Goethe zu reichsstädtischem Ansehen ist charakteristisch für diese Entwicklung. Niemand hat anschaulicher als Goethe selbst in „Dichtung und Wahrheit“ das Bild der Stadt in dieser glücklichen Epoche gezeichnet. Die Stadt schmückte sich mit neuen, ansehnlichen Bauwerken. Der Saalhof erhielt schon 1717 durch

Goethes Geburtshaus am Hirschgraben

die Familie Bernus sein neues Gesicht. In den dreißiger Jahren entstanden die Hauptwache und das Thurn- und Taxissche Palais in der Eschenheimer Gasse. Der von Anbeginn durch nüchterne Schlichtheit ausgezeichnete Rathausbau, der „Römer“, gewann mit jeder neuen, in Frank-

Euer Christlichen Liebe ist auch hiemit anzuzeigen: Demnach bey Königlichen Wahl-Tägen Herkommens und gebräuchlich ist / daß ehe und bevor zur würcklichen Wahl eines Römischen Königs geschritten wird / die Sturm-Glocke pfleget geläutet zu werden / und dann nächstkommenden Mittwoch / der Hochwürdigsten / Durchlauchtigsten hohen Herrn Chur-Fürsten des Heil. Römischen Reichs Churfürstlichen Gnaden und Durchlauchtigkeit / samt deren abwesenden Höchstfürtrefflichen Herren Bottschafftern und Gesandten solche Wahl eines Römischen Königs und künfftigen Kaysers fürzunehmen gnädigst entschlossen / mithin ermeldten Mittwochs morgends um 7. Uhr bemeldte Glocken geläutet werden solle;

Als läst ein Hoch-Edler und Hochweiser Rath dieser Stadt / dessen hiemit jedermänniglichen zu dem Ende benachrichtigen / damit niemand ob solchem Läuten erschrecken / oder sich etwas wiedriges und gefährliches einbilden / sondern vielmehr ein jeder den Allmächtigen und Allgütigen GOTT inbrünstig / eifrig und andächtig anruffen und bitten solle / damit solche Königliche Wahl glücklich verrichtet und vollzogen / und das Heil. Römische Reich; mit einem friedfertigen allerhöchsten Oberhaupt zu Heil und Wohlfarth der werthen Christenheit wiederum versehen werden möge. Es soll auch in Zeit der Wahl / und so lange das Höchstlöbliche Chur-Fürstliche Collegium in der Kirche bey einander versammlet ist / in keiner offenen Herberg / Wein-Schencken / Caffée oder Bier-Häusern einiger Wein / Bier / Brandenwein / Caffé, Thee / oder anderes Geträncke verschencket / verzapfft / noch jemanden ums Geld gegeben / sondern alle dergleichen Häusser / wie auch alle Krahm-Läden und offene Werckstätte / biß nach vollendeter Wahl / bey ohnausbleiblicher Straff zugehalten und nicht geöffnet werden. Wornach sich also ein jeder zu richten wissen wird.

Geschlossen bey Rath /
Donnerstags, den 18. Januar.
1742.

Krönungsfest auf dem Römerberg 1764

Hauptwache und St. Katharinen (S. Kleiner, 1747)

furt begangenen Kaiserkrönung an Glanz und Ansehen. So entstand die hohe Wölbung des Kaisersaales 1612, so das neue geschmückte Kurfürstenzimmer 1735 und die repräsentative Kaisertreppe 1741. Das Haus zum Goldenen Schwan erhielt seine barocke Fassade von dem gleichen Architekten Samhaimer, der 1730 die Hauptwache erbaute. Wieder war Frankfurt eine Zeitlang kaiserliche Residenz, als Karl VII., aus seinem Stammlande Bayern durch die Österreicher vertrieben, in diesem Ort des Friedens Zuflucht fand (1742-1743).

Die wirtschaftliche und kulturelle Höherentwicklung Frankfurts im 18. Jahrhundert konnte durch kriegerische Episoden wohl unterbrochen, aber nicht mehr erschüttert werden. Zum Teil brachten die gewaltsamen Eingriffe von außen sogar Fortschritte zuwege, welche im ruhigen, friedlichen Verlauf vielleicht länger hätten auf sich warten lassen. Als während des Siebenjährigen Krieges (1759-1763) Frankfurt eine erste Franzosenzeit erleben mußte, sorgte der in Goethes Vaterhaus einquartierte Königsleutnant

Schlacht bei Bergen 1759

Thoranc für die Einrichtung einer Straßenbeleuchtung, für die Verbesserung des Straßenpflasters und für die Numerierung der Häuser.

Wie schon 1622 und 1689 brandete der Krieg bis nahe an die Stadt heran, aber diesmal blieb es nicht dabei. Während die Stadt Gustav Adolf 1631 nur nach zähen Verhandlungen ihre Tore geöffnet hatte, wurde sie am 2. Januar 1759 nicht ohne leichtfertiges Verschulden des Rats unversehens von Franzosen besetzt, denen man lediglich den Durchzug hatte gestatten wollen. Bei Bergen wiesen am 13. April 1759 die deutschen Truppen des französischen Generals Broglie den auf Friedrichs von Preußen Seite kämpfenden Herzog Ferdinand von Braunschweig ab, zum geheimen Kummer vieler „fritzisch" gesinnter Frankfurter — unter ihnen Goethes Vater. Die leidige Einquartierung traf alle Bürger, sie endete erst mit der Räumung Deutschlands durch die Franzosen (Dezember 1762).

Blick von der Deutschordenskirche (F.J. Ehemant 1824)

Im Zeitalter der Französischen Revolution

Wenige Jahrzehnte später geriet Frankfurt in den Gefahrenbereich der großen Französischen Revolution. Eine neue, diesmal längere Folge kriegerischer Störungen größten Ausmaßes hob an. Die alte Kaiserherrlichkeit manifestierte sich freilich noch zweimal, während schon jenseits der Grenzen des Reichs die Flamme eines neuen Zeitalters entzündet war. Es hätte zu denken geben können, daß bei der Krönung Leopolds II. am 30. September 1790 hessische Truppen vorsorglich bei Bergen zusammengezogen wurden. Aber noch weit entfernt von dunklen Vorgefühlen beging man in Frankfurt, als nach Leopolds frühem Tode (1. März 1792) sein Sohn Franz zum Kaiser gewählt und gekrönt wurde (5. Juli 1792), dies Ereignis mit prunkvollen Feiern.

Niemand in der Stadt hätte für möglich gehalten, daß dies die letzte Krönung eines deutschen Kaisers in ihren

Custine in Frankfurt 1792

Mauern sein würde. Elf Wochen zuvor hatte Frankreich, von der Partei der Girondisten gegen die in das Kurfürstentum Trier ausgewichenen Emigranten und infolge der drohenden Warnungen des Wiener Hofes aufgestachelt, dem König von Ungarn und Böhmen den Krieg erklärt. Elf Wochen danach trat das für unmöglich Gehaltene ein: aus dem Elsaß hervorbrechend, eroberte der französische General Custine mit den verachteten Sansculotten Speyer und Worms. Am 21. Oktober kapitulierte Mainz; am 22. erschienen die ersten Franzosen vor Frankfurt, am 27. rückte Custine selbst in die Stadt ein. Hand in Hand mit der Aufforderung, sich der französischen Republik anzuschließen, ging die Auferlegung einer Brandschatzung von 2 Millionen Gulden.

Ebenso rasch aber, wie sie gekommen waren, mußten die französischen Truppen diesmal das Feld räumen. Die vereinten Hessen und Preußen rückten von Bergen aus

Erstürmung des Friedberger Tors durch die Hessen und Preußen 1792

gegen Frankfurt vor. Am 2. Dezember griffen sie das Friedberger Tor an. Als auch in der Stadt mutige Handwerksgesellen gegen die Franzosen vorgingen, blieb diesen nur schleunige Flucht. Zum ehrenden Gedächtnis der gefallenen Hessen ließ König Friedrich Wilhelm II. von Preußen im Herbst 1793 das Hessendenkmal vor dem Friedberger Tor errichten.

Diese erste Begegnung der Frankfurter mit den Truppen der Revolution wurde ausschlaggebend für ihre Haltung durch alle folgenden Jahre. Indem die Stadt durch Abgesandte in Paris ihre Interessen wahrzunehmen oder günstigere Bedingungen auszuhandeln suchte, blieb sie doch im Unterschied zu gewissen Kreisen, besonders in Mainz, den Ideen und den Ansprüchen der Eroberer gegenüber stets abweisend. Ihre Lage war schwierig genug. Als Preußen mit Frankreich den Frieden zu Basel abschloß (1795), sah sie sich vor die Wahl gestellt, den Kaiser im Stich zu lassen oder unter Anlehnung an Preußen ihre Neutralität zu erklären.

General Graf v. Clerfait

Fürst v. Hohenlohe-Ingelfingen

Ein Versuch des französischen Generals Jourdan, sich Frankfurts zu bemächtigen, scheiterte an dem energischen Einspruch des Prinzen Hohenlohe, der hier als preußischer Befehlshaber sein Hauptquartier hatte. Dem österreichischen General Clerfait fühlte sich die Stadt zu höchster Dankbarkeit verpflichtet, als es ihm gelang, die Franzosen hinter den Rhein zurückzutreiben und sogar Mainz wieder zu befreien. Beiden Heerführern hat Frankfurt um dieser Verdienste willen das Ehrenbürgerrecht verliehen; sie sind die ersten, denen diese Auszeichnung zuteil geworden ist.

Aber nicht lange ruhten die Waffen. Im Juni 1796 stießen Moreau im Süden und Jourdan im Norden über den Rhein. Da die Österreicher unter Wartensleben nicht zum Abzug zu bewegen waren, vielmehr den Frankfurt im Norden und Osten einschließenden Franzosen unter Kleber Widerstand entgegensetzten, kam es am 12. und

13. Juli zur Beschießung der Stadt. Feuer brach an vielen Stellen aus, die Judengasse brannte in der Nacht zum 14. — zum dritten Male — völlig nieder. Wartensleben mußte am 14. früh kapitulieren. Zwei Tage später rückten die Franzosen ein. Wochen des Schreckens folgten. Als Geiseln für ungeheuerliche Forderungen an Geld und Naturalien wurden mehr als zwanzig Ratsherrn und angesehene Bürger nach Frankreich verschleppt. Bevor die Franzosen unter dem Druck des bei Würzburg siegreichen Erzherzogs Karl aus Frankfurt wieder abzogen (8. September), hatte die Stadt ihnen Schuldverschreibungen in Höhe von 4 Millionen Livres übergeben müssen.

In dieser völlig verworrenen Lage schickte der Rat heimlich zwei Unterhändler — Basse und Oelsner — nach Paris, denen es Ende Oktober gelang, unter Anerkennung jener Schuld für Frankfurt einen Friedens- und Neutralitätsvertrag mit Frankreich abzuschließen. Der Friede von Campo Formio (Oktober 1797) und die während des Rastatter Gesandtenkongresses von den Franzosen mit geheimem Einverständnis des Kaisers betriebene Annexion des linken Rheinufers, zu deren Anerkennung auch Frankfurt genötigt wurde, ließen die völlige Abhängigkeit von Frankreich deutlich werden.

Schon im Sommer 1799 war der Krieg wieder ausgebrochen. Als Bonaparte sich zum ersten Konsul machte, sprach ihm der Rat seine Glückwünsche aus; er antwortete brieflich, daß nur durch den Sieg der französischen Waffen auch die Freiheit Frankfurts errungen werden könne.

Der Schwebezustand zwischen Wien und Paris dauerte trotz der „Neutralität“ an: Frankfurt zahlte Reichssteuern und stellte ein Kontingent zur kaiserlichen Armee, während französische Kommandos wieder und wieder vor der Stadt erschienen, um unter Drohungen Requisitionen an Geld, Ausrüstung und Munition aufzuerlegen. Nach Gefechten in der Hofheimer Gegend, bei Höchst und Rödelheim, die den Rückzug der Kaiserlichen zur Folge hatten, besetzten im Juli 1800 wieder französische Truppen Frankfurt. Mit dem Einzug des Generals Augereau am 12. August begann eine neue Welle von Drangsalen aller Art unter völliger Nichtachtung der Neutralität. Der Friede von Lunéville (Februar 1801), der die Angliederung des linken Rheinufers an Frankreich sanktionierte, leitete die Auflösung des Heiligen Römischen Reiches Deutscher Nation ein. Da die Reichsstände, die ihr Gebiet jenseits des Rheins verloren, durch die Säkularisation der rechtsrheinischen geistlichen Territorien und Besitzungen entschädigt werden sollten, ging ein Wettlauf um die Gunst des ersten Konsuls und zum Wiener Hofe an.

Wie der Bankier Simon Moritz Bethmann in Paris erfuhr, strebten beide Hessen und Kurmainz danach, bei dieser Gelegenheit den Besitz Frankfurts für sich zu beanspruchen. Der französische Resident in Frankfurt gab der Stadt den Wink, sich selbst um die in ihrem Bereich gelegenen geistlichen Güter zu bemühen.

Endlich wurde Dr. Schweitzer nach Paris entsandt. Bonaparte empfing ihn mit lauter Beschwerde über den Geist der Frankfurter Zeitungen, die alle im Dienste Englands stünden. Dennoch wurde von nun an das Interesse Frankfurts durch einen ständigen Vertreter in Paris wahrgenommen. Mit den üblichen Beeinflussungen und in mühseligen Verhandlungen, die bei der Reichsdeputation in Regensburg mit halber französischer Unterstützung durch den Kanzleidirektor Böhmer und durch Bethmann geführt wurden, gelang es, der Stadt den Besitz der in ihren Mauern befindlichen geistlichen Stifter zu sichern, den man anfangs nur zögernd angestrebt hatte. Durch den Reichsdeputations-Hauptschluß vom 25. Februar 1803 behielt Frankfurt, ebenso wie Augsburg, Nürnberg und die drei Hansestädte, den Charakter einer unmittelbaren Reichsstadt. Endlich schien auch der Friede gesichert.

Simon Moritz v. Bethmann

Carl Theodor v. Dalberg

Als Napoleon, nun zur erblichen Kaiserwürde aufgestiegen, im Herbst 1804 Mainz besuchte, empfing er außer zahlreichen Gesandten der Reichsstände auch eine Deputation des Frankfurter Rates. Zu ihrer größten Bestürzung hörte er sie kaum an, sondern unterbrach sie vor der ganzen erlauchten Versammlung schroffen Tones: „War Eure Messe gut? . . . Seid Ihr reich? . . . “ Den Hinweis auf die Schulden und Lasten Frankfurts wies er zurück: „Ihr habt doch viele Klöster und Kirchengüter bekommen.“ Und dann ließ er seinen Unmut über die Stadt und besonders über die Frankfurter Bankiers aus: „Ihr versteckt englische Agenten, Intriganten, die den Kontinent aufwiegeln. Eure Bankiers, Euere Schreiberlinge sind fortwährend in Bewegung. Ihr habt keine Polizei . . . Ihr seid im letzten Krieg geschont worden, aber beim nächsten Krieg auf dem Kontinent — ich hoffe, es kommt nicht dazu — . . . werde ich Euch gehörig verprügeln und Euch einem benachbarten Fürsten geben . . . “ — Bald genug sollte sich diese Drohung verwirklichen.

Frankfurter Bürger schleifen die Festungswerke 1806

Frankfurt im Rheinbund

Der Zusammenbruch Österreichs im dritten Koalitionskrieg gegen Napoleon führte das Ende des Heiligen Römischen Reiches herbei und schuf ganz neue Voraussetzungen für die innere Gestaltung Deutschlands. Das wurde auch für das „neutrale" Frankfurt während des Krieges spürbar: im Herbst 1805 zogen wiederum französische Truppen durch die Stadt, wobei sie Schiffsbrücken über den Main in der Gegend der heutigen Friedensbrücke schlugen. Ende Januar 1806 gab es neue, schwere Einquartierungen und Kontributionsforderungen. Immer mehr verdichtete sich das Gerücht, Frankfurt werde dem Kurerzkanzler zu Eigen übergeben werden. Am 16. Juli erhielten die Abgesandten der Stadt in Paris von Talleyrand Gewißheit: Karl von Dalberg als Fürst Primas des von Napoleon errichteten Rheinbundes wurde Gebieter Frankfurts.

Es war das Ende der jahrhundertealten reichsstädtischen Zeit. Aber in letzter Stunde vor der Besitznahme

Verbrennung englischer Waren, 1810

durch die Kommissare Frankreichs im Namen des neuen Herrn veröffentlichte der Rat einen mutigen und ehrenvollen Protest: „Wenn der Gedanke Vermessenheit sein würde, einem Schicksale widerstreben zu sollen, das durch die großen Weltbegebenheiten unsrer Tage über Frankfurt nicht minder als über so viele andere größere Staaten unaufhaltbar herbeigeführt worden ist, so darf es sowohl uns selbst als der unserer Leitung bisher anvertrauten löblichen Bürgerschaft zu nicht geringer Beruhigung gereichen, daß weder Verschulden oder Vernachlässigung von unserer, noch Mangel an Bürgersinn und Treue von ihrer Seite Ursache dieser Katastrophe gewesen sein könne.“ — Am frühen Morgen des 25. September 1806 zog Dalberg in Stille ein und bezog das Thurn- und Taxissche Palais als seine Residenz.

Vier Jahre später verwandelte sich das Primat zu einem Großherzogtum Frankfurt, welchem neben Frank-

Durchziehende französische Truppen in der Fahrgasse, 1813

furt und Wetzlar und dem bisher kurmainzischen Aschaffenburg auch das Bistum Fulda und die Grafschaft Hanau einverleibt wurden. Die innere und äußere Angleichung an Frankreich wurde emsig betrieben. Wider Erwarten sind in dieser Zeit manche Einrichtungen geschaffen worden, deren bleibender Wert sich nach der Wiederkehr friedlicher Zustände erwies. Endlich erlangten Reformierte und Katholiken, zuletzt auch gegen eine hohe Ablösungszahlung die Juden (1811), gleiche bürgerliche Rechte mit den bisher allein bevorrechtigten Lutheranern.

Dalbergs soziale und kulturelle Bestrebungen — Reformen des Armenwesens und des Stiftungswesens, Neugestaltung des Schulwesens und Ansätze zu einer Landesuniversität in Gestalt einer Medizinisch-Chirurgischen Schule — sind großenteils nicht von Bestand geblieben. Aber bis in unsere Zeit blüht als Trägerin des Frankfurter Musiklebens die „Museumsgesellschaft", die unter seiner

Kampf um die Alte Brücke, 1813

Förderung, ursprünglich als eine gelehrte Gesellschaft zur Pflege der Redekunst, der bildenden Kunst und der Tonkunst, 1807 gegründet wurde.

Die alten Stadtbefestigungen, Zeugen einer längst vergangenen Zeit, mußten weitläufigen grünen Anlagen Platz machen (1806). „Die alten Wälle sind abgetragen", so schrieb Frau Rat Goethe dem Sohn am 1. Juli 1808, „die alten Thore eingerissen, um die gantze Stadt ein Parck, man glaubt, es sey Feerrey ... unsere alten Perücken hätten so was bis an Jüngsten Tag nicht zu wegen gebracht. Bey dem kleinsten Sonnenblick sind die Menschen ohne Zahl vor den Thoren, Christen — Juden — pele-mele alles durcheinander in der schönsten Ordnung, es ist der rührendste Anblick ... "

Heute beklagen wir freilich den Verlust so vieler ehrwürdiger Baudenkmäler, von denen nur der Eschenheimer Torturm übrig geblieben ist.

Napoleon im Hause Bethmann 1813

Der Frankfurter Handel hatte es, auch zu Dalbergs Kummer, nicht leicht. Schwer drückte die von Kaiser Napoleon gegen England verhängte Kontinentalsperre, war doch Frankfurt bis dahin der wichtigste Umschlagsplatz für englische und überseeische Waren im Innern des Kontinents gewesen. Aber die Frankfurter fanden doch Mittel und Wege, das strenge Gebot vielfach zu umgehen. So ging nur ein kleiner Teil der englischen Waren auf der Pfingstweide in Flammen auf.

Napoleon ist wiederholt zwischen 1806 und 1813, meist in Eile, durch Frankfurt gekommen. Prunkhaft empfing Dalberg die Kaiserin Josephine, die sich im Dezember 1806 mehrere Tage hier aufhielt. Als der bei Leipzig geschlagene Kaiser am 31. Oktober 1813 noch einmal von Hanau her eintraf und im Bethmann'schen Hause über Nacht blieb, hatte Dalberg bereits die tags zuvor von den Bayern besetzte Stadt verlassen.

Als mit dem Einzug der verbündeten Österreicher, Preußen und Russen (2.-6. Oktober 1813) die Fremdherrschaft ein Ende fand, atmete jedermann auf. Frankfurt wurde zum Sitz der Zentralverwaltung für die befreiten Gebiete, an deren Spitze der Freiherr vom Stein trat. Die Verbindung mit diesem hervorragenden Staatsmann und großen Deutschen war entscheidend für das weitere Schicksal der Stadt. Bei der Neuordnung Deutschlands auf dem Wiener Kongreß ging es darum, ob Frankfurt seine Selbständigkeit behalten oder einem benachbarten deutschen Staate angeschlossen werden sollte.

Bayern ließ es an Bemühungen deswegen nicht fehlen. Schon im Oktober 1813, als es sich vom Rheinbund löste und zu den Gegnern Napoleons überging, hatte ihm Metternich die geheime Zusage erteilt, daß es für die Abtretung Tirols Entschädigungen erhalten sollte, wobei auch an das Großherzogtum Frankfurt gedacht war. In einer vorläufigen Konvention zwischen Österreich und Bayern vom 28. Mai 1814 wurden diese Abmachungen förmlich wiederholt. Danach würde Bayern nicht nur den ganzen Lauf des Mains, sondern darüber hinaus das Gebiet um Fulda und Hünfeld im Norden, Hessen-Darmstadt und Kurmainzische Lande sowie die nördliche Kurpfalz mit Einschluß der Städte Mannheim, Heidelberg, Bruchsal, Landau, Speyer, Worms und Mainz beherrscht haben; das restliche Baden und Württemberg würden vom Norden Deutschlands völlig abgeriegelt worden sein. Dieser Plan stieß aber bei dem Wiener Kongreß auf die entschiedene Ablehnung Preußens, Englands und Rußlands, das durch Stein vertreten war. In den Entwürfen für eine künftige deutsche Verfassung schlug diese Partei vielmehr die Bildung eines deutschen Bundes vor, dessen Sitz in Frankfurt sein sollte. Die Erkenntnis des Wertes, den die Stadt in sol-

Reichsfreiherr vom Stein

cher Eigenschaft gerade auch für Österreich haben würde, brachte endlich Metternich selbst dazu, sich Bayerns Ansprüchen zu verschließen. Eine Denkschrift seines Vertreters, des Chefs der Zivilverwaltung für das ehemalige Großherzogtum Frankfurt, Baron Hügel, mag dabei wesentlich mitbestimmend gewesen sein. In ihr heißt es:

Sitzung des Deutschen Bundestages 1817

„Frankfurt als selbständige Bundesstadt würde wegen seiner Lage, seiner weitausgebreiteten und mit unaufhörlicher Tätigkeit unterhaltenen Handelsverbindungen, wegen seiner öffentlichen Blätter und seines bedeutenden Buchhandels unter jeder Form der Bundesverfassung Oesterreich ein sehr erwünschtes Mittel geben, von den verschiedensten Verhältnissen schnelle und verläßliche Kunde einzuziehen, die öffentliche Stimme in Deutschland zu erforschen und auf dieselbe hindernd oder veranlassend einzuwirken." Mit der am 10. Juni 1815 zu Wien beschlossenen Bundesakte wurde die Stadt Frankfurt am Main mit ihrem Gebiet nach dem Stande von 1803 zu einer Freien Stadt und einem Gliede des Deutschen Bundes erklärt (Artikel 46 der Wiener Kongreßakte); Artikel 9 der deutschen Bundesakte bestimmte Frankfurt zum Sitz der Bundesversammlung.

Die Konstitutions-Ergänzungsakte

Weit schwieriger als die Wiederherstellung der Freiheit erwies sich die Aufrichtung einer neuen Verfassung der Stadt.

Als ein Provisorium stellte man zunächst kurzerhand die reichsstädtische Verfassung aus der Zeit vor 1806 wieder her. Aber dabei konnte es nicht verbleiben, wenn man nicht auf manche inzwischen erzielten Fortschritte verzichten wollte, wie etwa die Trennung von Justiz und Verwaltung oder die Schaffung einer besonderen Polizei.

Gegen die einfache Wiederherstellung des alten Wesens, die insbesondere von den Kreisen des Rates mit Eifer vertreten wurde, sprachen auch die in der Dalbergschen Zeit errungenen, erweiterten Rechte der Katholiken und der Juden, die bei den zu Wien versammelten Mächten nachdrückliche Unterstützung fanden. Steins Versuch einer Verfassungsreform scheiterte an den Widerständen in der Bürgerschaft und an der Gegenwirkung Hügels, der die Vorlage des Problems an den Kongreß forderte. In der Stadt selbst entbrannte ein großer Meinungskampf um die Beteiligung der Frankfurter Bürgerschaft an der Souveränität und der daraus abzuleitenden Gestaltung des öffentlichen Lebens. Nach dreijährigem Hin und Her einigte man sich am 18. Juli 1816 auf eine Konstitutions-Ergänzungsakte, welche die Grundlage der Verfassung für die Freie Stadt Frankfurt bis 1856 geblieben ist. Wie der Name besagt, hielt man an der rechtlichen Annahme einer Wiederherstellung der alten Konstitution fest. Auch das 51er Kollegium lebte als Ständige Bürgerrepräsentation wieder auf, hat aber nie mehr nennenswerten Einfluß geltend machen können, weil die eigentliche Vertretung der Bürgerschaft jetzt einer neugeschaffenen Gesetzgebenden Versammlung übertragen wurde. Freilich bürgte auch bei dieser Neuerung die Art ihrer Zusammensetzung —

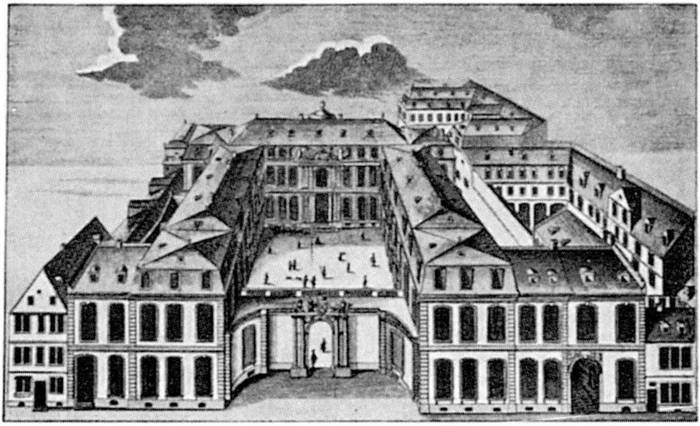

Palais Thurn und Taxis (Bundespalais) in der Großen Eschenheimer Gasse

je zwanzig Vertreter des Senats (so hieß jetzt der Rat) und der Bürgerrepräsentation gegenüber fünfundvierzig aus indirekter Wahl durch die vollberechtigten Bürger bestellten Vertretern — für die Beibehaltung eines gemäßigten Kurses, aber gegenüber der kaum eingeschränkten früheren Ratsherrschaft durfte die Verfassung als großer Fortschritt gelten.

Unbefriedigt über die Neuordnung fühlten sich vor allen die Angehörigen der alten patrizischen Gesellschaften, deren Einfluß nun völlig gebrochen war. Sie suchten ihre Ansprüche, die der gelehrte Jurist und Historiker Johann Karl von Fichard in seinem Buche über „die Entstehung der Reichsstadt Frankfurt und die Verhältnisse ihrer Bewohner" scharfsinnig formulierte, durch Klage bei dem neuen Bundesrat geltend zu machen, aber die Sache kam nie zur Entscheidung. Den Katholiken gelang es 1821 dank den Bemühungen Johann Friedrich Schlossers, die wirkliche bürgerliche Gleichberechtigung zu erlangen. Dagegen konnten die Juden, die zwar nicht wieder in der alten Gasse zu wohnen genötigt wurden, sich der ihnen von Dalberg eingeräumten Rechte nach 1813 nicht mehr erfreuen; nach langen Verhandlungen, zunächst unter dem Druck des Wiener Kongresses und durch die Bundesversammlung, wurde 1824 ihre Qualifikation als „israelitische Bürger" erreicht. Die volle staatsbürgerliche Gleichheit haben sie erst mit der Einführung der Gewerbefreiheit im Jahre 1864 errungen.

Im Ringen um Einheit und Freiheit

Frankfurt leistete, indem es seine Verfassung erneuerte, wie die süddeutschen Staaten der Empfehlung in Artikel 13 der Deutschen Bundesakte Folge, Ständeversammlungen zu schaffen. Als ein souveränes Gebilde von nahezu republikanischem Gepräge mußte es auf alle Verfechter einer demokratischen Weiterentwicklung des deutschen öffentlichen Lebens starke Anziehungskraft üben. So sah es sich bald in der eigentümlichen Lage, zugleich ein Hort der Freiheit und der Sitz des Deutschen Bundestages zu sein, welcher in der Unterdrückung eben dieser Freiheit und ängstlichen Bewahrung des Althergebrachten sein höchstes Interesse fand.

Liberal-demokratische Ideen fanden in neuartigen Frankfurter Presseerzeugnissen ihren ersten Ausdruck. Ihr erster Vertreter war der Advokat Ludwig Jassoy mit seinen Aufsätzen über „Welt und Zeit", ihr bedeutendster Vorkämpfer aber der zum Christenglauben konvertierte Jude Ludwig Börne. In seiner Publizistik beleuchtete er mit meisterhafter Schärfe und Weitblick die allgemeindeutschen Zustände („Die Wage, Zeitschrift für Bürgerleben, Wissenschaft und Kunst", Frankfurt, 1818-1821,

Johann Karl von Fichard

Ludwig Börne

„Briefe aus Paris", 1830 ff.). In Frankfurt eiferten ihnen die Literaten Freyeisen und Sauerwein nach („Zeitbilder", 1831 ff.). Da die Maßnahmen der Frankfurter Zensur nicht streng gehandhabt wurden, kam es zu immer neuen Klagen von Seiten des Bundestags gegen den Frankfurter Senat. Aber jetzt war im Unterschied zu früher mit einem neuen Faktor zu rechnen, dem erwachenden politischen Interesse weiter Kreise der Bürgerschaft. Bald schon entstanden unruhige Bewegungen.

In Auswirkung der französischen Julirevolution kam es erstmals zu Tumulten, als der Senat im Oktober 1831 die bisher üblich gewesene Freiheit von der Entrichtung eines Sperrbatzens für Spätheimkehrer aus den Weingärten vor der Stadt aufhob. Ein Teil der Menge erzwang sich die freie Rückkehr in die Stadt. Die darauf erlassene, noch törichtere Polizeianordnung, wonach niemand nach Sonnenuntergang ohne Laterne auf der Straße sein durfte, führte zur ergötzlichsten Verulkung, indem alle Welt mit

Die Konstabler Wache (um 1820)

Laternen jeglicher Art und Größe sich auf Plätzen und Straßen tummelte. Friedrich Stoltze, der damals Fünfzehnjährige, hat die Ereignisse in lebensvoller Schilderung wiedererzählt.

Sperrbatzen

Die Zeil (J. F. Morgenstern, 1813)

Von weit tieferer Bedeutung für Frankfurt wurde die handelspolitische Entwicklung, die von der Gründung des Preußischen Zollvereins ausgehend, sich seit dem Beitritt Hessen-Darmstadts 1828 unmittelbar auf unser Gebiet auszuwirken begann. Die ringsum errichteten Mautschranken verursachten einen empfindlichen Rückgang des Frankfurter Handels und der nach 1813 wieder aufgeblühten Messen. Frankfurts Bürgermeister Johann Gerhard Christian Thomas glaubte, durch den Anschluß an Kurhessen und Hannover in dem wesentlich auf seine Anregung gegründeten „Mitteldeutschen Handelsverein" und durch Abschluß eines Handels- und Schiffahrtsvertrags zwischen Frankfurt und England (1832) dieser Umklammerung wirksam begegnen zu können. Die Spekulation erwies sich als verfehlt.

Die Schirn

Nachdem durch den Übertritt Kurhessens zum Preußischen Zollverein (1831) der Mitteldeutsche Verein zerbrochen und in dem Zusammenschluß von Nord und Süd der Deutsche Zollverein in Kraft getreten war (1834), gab es für Frankfurt nur noch die Möglichkeit, ebenfalls den Anschluß zu vollziehen, wozu es sich mit großem Widerstreben und unter Aufgabe des englischen Vertrages am 2. Januar 1836 entschloß.

Diese Entwicklung war aber nur eine unter den Zersetzungserscheinungen, an denen der Deutsche Bund litt. Es konnte nicht ausbleiben, daß auch die innere politische Spannung Deutschlands in Frankfurt selbst in Erscheinung trat. Das geschah zum ersten Male 1833, als eine kleine Schar freiheitlich gesinnter Studenten aus Gießen den Versuch unternahm, die Bundesversammlung an ihrem eigenen Sitz auszuheben. Der Sturm auf die Hauptwache

Bundesmilitär auf der Alten Brücke

am 3. April mißlang. Seine Folge war nur eine Verschärfung der von Metternich im Sinne der Karlsbader Beschlüsse von 1819 getroffenen Unterdrückungsmaßnahmen gegen jede freiheitliche Regung. Versuche, die Gefangenen des Wachensturms zu befreien, und der unüberhörbare Protest aller liberal Gesinnten verschlimmerten die Lage in der Stadt.

Mit Unmut erlebte Frankfurts Bürgerschaft den Einmarsch österreichischer und preußischer Truppen zum Schutze der Bundesversammlung. Die Unterstellung des städtischen Militärs unter die Bundestruppen, die als ein Eingriff in die Souveränität der Freien Stadt empfunden wurde, mußte ungeachtet der Intervention Englands und Frankreichs zu Frankfurts Gunsten unter der Drohung

Inneres der Paulskirche (um 1835)

einer Bundesexecution gegen die Stadt hingenommen werden.

Diese Ereignisse waren jedoch nur ein Vorspiel dessen, was 15 Jahre später ganz Deutschland in Bewegung setzen sollte. Allen Unterdrückungsversuchen des Metternich'schen Systems zum Trotz hatten die Ideen einer Reform des staatlichen und öffentlichen Lebens in dieser Zeit immer stärkeren Widerhall gefunden. Schon bevor der kräftigste Anstoß zur Erhebung gegen die alten Mächte überall in Europa wieder — wie 1830 — von Frankreich her geschah, hatten die liberalen Kräfte in Südwestdeutschland entscheidende Schritte getan.

Im badischen Landtag stellte Bassermann am 12. Februar 1848 den Antrag, auf geeignete Weise dahin zu

Deutsche Nationalversammlung in der Paulskirche 1848

wirken, daß durch Vertretung der deutschen Kammern bei dem Bundestage eine gemeinschaftliche Gesetzgebung sowie gemeinsame, zur Nationaleinheit führende Einrichtungen erzielt würden. Der Bundestag selbst sollte also zum Ausgangspunkte der Reform werden. So geschah es fast notwendig, daß Frankfurt in die Mitte des Geschehens rückte.

Am 31. März zogen die aus allen Teilen Deutschlands hier zusammengeströmten Deputierten eines Vorparlaments aus dem Kaisersaal des Römers hinüber in die für sie zur Verfügung gestellte Paulskirche. Grundsätze über die Wahl und die Form einer deutschen Nationalversammlung bildeten Thema und Ziel ihrer bewegten Auseinandersetzung, bei der sich bereits gemäßigte und radikale Elemente schieden. Dann kam der herrliche Tag, vielleicht der erhebendste, den die ereignisreiche Geschichte Frank-

Der Barrikadenkampf

furts je erlebt hat, der Tag der Eröffnung der ersten deutschen Nationalversammlung in der Paulskirche (18. Mai). Das Schicksal dieser wahrhaft „hohen" Versammlung, die in solcher Zusammensetzung und unter so heiliger Begeisterung ihresgleichen nicht findet, ist — wohl auch wegen dieses ihres Charakters — tragisch verlaufen, weil die realen staatlichen Mächte innerhalb Deutschlands sich doch stärker als sie erwiesen. Dennoch ist von jenen Tagen ein Nachklang geblieben, der gerade in unserer Zeit immer wieder hörbar wird, sooft die Paulskirche als Stätte bedeutender gesamtdeutscher Feiern dient.

Wie leidenschaftlich damals das Frankfurter Volk an den Geschicken des ganzen Vaterlandes teilnahm, beweist der Aufstand vom 18. September 1848. An diesem Tage widerrief die Nationalversammlung ihren eigenen, kurz zuvor gefaßten Beschluß, den von Preußen mit Dänemark abgeschlossenen Waffenstillstand zu mißbilligen. Empört über die Preisgabe der schleswig-holsteinischen Brüder, deren große politische Hintergründe sie nicht verstand, erhob sich die Menge gegen die Abgeordneten. Ein blutiger Barrikadenkampf tobte in den Gassen der Altstadt, aber das herangeholte preußische und österreichische Militär unterdrückte den Aufruhr. Es war die Krise der damaligen deutschen Bewegung. Die schwarz-rot-goldenen Fahnen, Sinnbilder der Einheit und Freiheit Deutschlands, verschwanden wieder aus dem Stadtbild.

Die Wiederherstellung des Deutschen Bundes führte freilich noch einmal für Jahre das abwechslungsreiche Treiben einer Diplomatenversammlung in die Stadt zurück. Bismarck als Bundestagsgesandter Preußens (1851-1859) hat die damit verbundene, vielfach prunkvolle, doch zumeist heitere Geselligkeit, die ihm sehr behagte, anschaulich geschildert. Aber er gewann hier auch die für seine spätere Politik gegenüber Österreich und den mittleren und kleinen deutschen Staaten folgenschweren Erkenntnisse, deren Ergebnis bald Frankfurt selbst zu spüren bekommen sollte.

Der Fürstentag 1863

Dem wiedererstehenden Deutschen Bunde war kein langes Leben beschieden. Immer deutlicher machte sich die durch den Fehlschlag von 1849 freigewordene Vorherrschaft Preußens in Deutschland geltend. Noch einmal, im August 1863, erlebte Frankfurt eine glänzende Schau gekrönter Häupter, wie früher an Wahl- und Krönungstagen. Kaiser Franz Josef hoffte in einem deutschen Fürstenkongreß die Reform des Deutschen Bundes im österreichischen Sinne durchsetzen zu können. Aber Preußens Herrscher, König Wilhelm I., versagte auf Betreiben

Festmahl beim Fürstentag im Kaisersaal 1863

Bismarcks seine Teilnahme und vereitelte damit den letzten Versuch einer Wiederbelebung der alten Kaiserherrlichkeit.

Verlust der Freiheit 1866

Das Wetterleuchten einer kommenden Katastrophe erregte die Gemüter im Oktober 1865. Der demonstrativ in einer Versammlung von Abgeordneten deutscher Landesvertretungen erhobene Protest gegen die österreichisch-preußischen Abmachungen von Gastein über Schleswig-Holstein, die als Rechtsbruch bezeichnet wurden, und die Haltung der in Frankfurt erscheinenden Presse führten zu gleichzeitigen Drohnoten der beiden großen Mächte. Während aber die preußische Note am Schlusse den Vorbehalt aussprach, „durch eigenes Eingreifen weiteren Folgen unzulässiger Nachsicht vorzubeugen",

Einzug der Preußen unter General Vogel von Falkenstein 1866

kündigte Österreich nur „anderweitige Schritte“ an. Das folgerichtige, ganz im Geiste der alten Reichstradition beruhende Ergebnis war Frankfurts Parteinahme für Wien, gegen Berlin. Damit war das Schicksal der Freien Stadt besiegelt.

Die Entscheidung über Krieg und Frieden fiel am 14. Juni 1866 bei der Bundesversammlung. Auf Österreichs Antrag zur Mobilmachung der nichtpreußischen Korps der Bundesarmee antwortete Preußen mit der Erklärung, daß es den Bundesvertrag für gebrochen ansehe. Obwohl Frankfurt sich in letzter Minute — an eben dem Tage, da bei Königgrätz die preußischen Waffen den Sieg errangen — zur Wahrung der Neutralität entschloß, konnte sein Schicksal kaum mehr zweifelhaft sein. Die zunächst in und um Frankfurt sich aufhaltenden Truppen

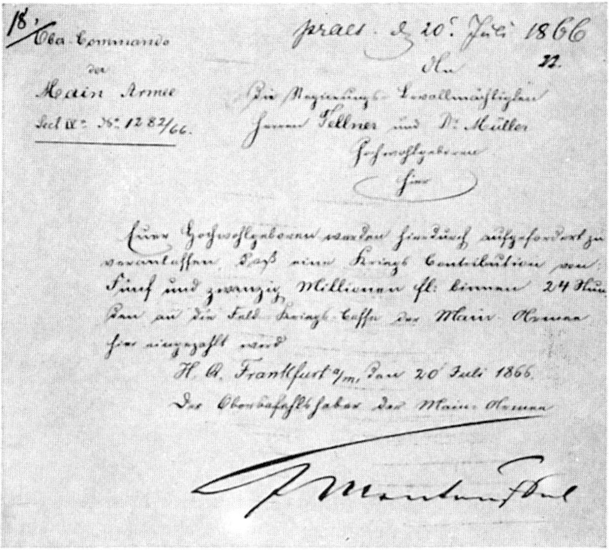
Ober-Commando der Main Armee Sect. IV. No. 1282/66.

praes. d. 20. Juli 1866

An die Regierungs-Bevollmächtigten Herren Fellner und Dr. Müller Hochwohlgeboren hier

Euer Hochwohlgeboren werden hierdurch aufgefordert zu veranlassen, daß eine Kriegs-Contribution von Fünf und zwanzig Millionen fl. binnen 24 Stunden an die Feld-Kriegs-Casse der Main-Armee hier eingezahlt wird.

H. Q. Frankfurt a/m, den 20. Juli 1866

Der Oberbefehlshaber der Main-Armee

v. Manteuffel

Kontributions-Forderung Manteuffels 1866

aus Hessen-Darmstadt, Baden und Württemberg zogen unter dem Druck des preußischen Vormarsches gegen Bayern noch vor Mitte Juli ab, während die Bundesversammlung ihren Sitz nach Augsburg verlegte. Am Abend des 16. Juli begann der Einmarsch der von Hanau kommenden Preußen unter dem General Vogel von Falckenstein, der schon am folgenden Tage die Regierung über die Stadt und ihr Gebiet übernahm. Sogleich setzten auch hohe Requisitionen und Kontributionsforderungen ein, die am 20. Juli in dem Verlangen gipfelten, binnen 24 Stunden den Betrag von 25 Millionen Gulden zu beschaffen. Vergeblich rangen die Bevollmächtigten der Stadt — Bürger-

Bürgermeister Fellner

Friedrich Stoltze

meister Fellner und Dr. Müller — bei dem Nachfolger des am 19. abgelösten Generals von Falckenstein, General Edwin von Manteuffel, um Milderung und angemessenen Aufschub. Da es nicht gelang, die Kontribution aufzubringen, vielmehr die städtischen Körperschaften und die Handelskammer sich durchaus ablehnend, also in den Augen der Preußen widerspenstig erwiesen, wurden Executionsmaßnahmen und Zwangseinquartierungen angedroht. Der zur Verzweiflung getriebene Bürgermeister Victor Fellner erhängte sich in der Nacht zum 24. Juli in seinem Garten. Der Höhepunkt der von den Preußen auferlegten Leiden war erreicht. Er wurde zur Wende für das Frankfurter Geschick. Der zum Bürgermeister ernannte Dr. Müller erhielt die Erlaubnis, König Wilhelm im Hauptquartier zu Nikolsburg aufzusuchen. Dort erfuhr er aus Bismarcks Munde, daß Frankfurt von nun ab eine preußische Stadt sein werde. Aber es bedurfte noch langer Verhandlungen, ehe die Verhältnisse der bisher Freien

Der Kaisersaal im Römer (1853)

Stadt eine befriedigende Neuregelung nach Art der preußischen Städte erfuhren.

Am 8. Oktober 1866 erfolgte im Kaisersaal des Römers die förmliche Einverleibung Frankfurts in den preußischen Staat.

Seltsam genug wirkte es auf die Gemüter, daß an eben dem Tage, da der neue Herrscher Wilhelm I. seiner Stadt Frankfurt den ersten Besuch abstattete, der ehrwürdige Dom einem Brande zum Opfer fiel (14./15. August 1867). Der Wiederaufbau in den folgenden zehn Jahren hat dem Turm die Gestalt gegeben, die ihm in den Entwürfen des Meisters Madern Gertener von Anfang an zugedacht gewesen war. Die Erinnerung an diese Ereignisse hat bei der Frankfurter Bevölkerung sehr nachhaltig gewirkt und ist vielleicht heute noch im Unterbewußtsein mitbestimmend für das Selbständigkeitsgefühl unserer Stadt, das dem der frei gebliebenen Hansestädte nicht unähnlich ist.

Der „Frankfurter Friede“ im Hotel zum Schwan 1871

Der Groll gegen die Haltung Frankfurts vor 1866, der in der neuen Hauptstadt Berlin lähmend wirkte, wich doch schon im Frühjahr 1867, nicht zuletzt durch das mutige Eintreten einer Frankfurterin, Frau Emma Metzler, bei dem ihr aus der Bundestagszeit befreundeten Bismarck, einer besseren Einsicht im Hinblick auf die deutsche Zukunft. Bismarck selbst empfing eine Frankfurter Bürgerdeputation, die sich um den Nachlaß der tatsächlich gezahlten Kriegskontribution von 6 Millionen Gulden bemühte, mit der Versicherung, Preußen werde für Frankfurt, das es als eine Perle in seiner Krone ansehe, tun, was in seinen Kräften stehe, und Frankfurt werde unter Preußen aufblühen.

Bismarck selbst aber führte die entscheidende Wendung herbei, als er am 10. Mai 1871 im „Schwan“ am Steinweg den Frieden mit Frankreich schloß, von welchem er „auch den Frieden für Frankfurt“ erhoffte.

Widerstand gegen die neue Zeit

Ein völliger Wandel der wirtschaftlichen und kulturellen Struktur fand statt. Wie zähe hatte doch Frankfurt durch die Jahrhunderte an seinem ererbten Wesen festgehalten! Wie langsam brachten sich seit dem Aufblühen des Kapitalismus industrielle Arbeitsformen neben dem angestammten Handwerk zur Geltung!

In der Zeit des großen Umbruchs um 1800, als unmittelbares Ergebnis der kriegerischen Erfordernisse, war der Charakter der Stadt als eines Zentrums des Bank- und Börsenverkehrs stärker als je zuvor ausgeprägt worden. Die aus der Frankfurter Judengasse hervorgegangenen Rothschilds erstreckten ihre Geschäftsverbindungen nach Wien und Amsterdam, nach Paris und London über die Alte und die Neue Welt. Die Bethmanns schufen erstmalig ein System von Staatsanleihen in kleinen, jedermann zugänglichen Anteilscheinen. Beide Familien griffen in die großen Geschicke Europas ein. Während aber die lebhaft aufblühende, junge preußische Hauptstadt Berlin im Zeichen der Dampfkraft und der Technik begann, mit den Zentren der westeuropäischen Industrie zu wetteifern, blieb die alte Reichsstadt Frankfurt noch lange zurückhaltend gegen den Geist der neuen Zeit. Sogar auf dem Gebiete des Handels sträubte sie sich gegen den Anschluß an die größere Wirtschaftseinheit des Zollvereins bis an die Grenze eigenen Verderbens. Als 1848 die neue Arbeiterbewegung auch in Frankfurt Eingang suchte und fand, begegnete sie tiefgründigem Mißtrauen und Unverständnis. Rings um die Stadt aber, in Bockenheim und Höchst, in Fechenheim und Offenbach, eroberte sich die Großindustrie eine Stellung nach der anderen. Der Anlaß für die Eingemeindungen vor und nach der Jahrhundertwende ist aus dem Streben nach Ausgleich des so verschobenen Schwergewichtes zu verstehen.

Der Taunusbahnhof (um 1840)

Neue Formen in Verkehr und Wirtschaft

Auf die Dauer aber konnte auch Frankfurt sich der allgemeinen Entwicklung im Zeitalter der aufblühenden Technik nicht entziehen. Der Beitritt zum Zollverein eröffnete 1836 die Möglichkeit zum Anschluß an das entstehende neue Verkehrsmittel der Eisenbahn. Die Gefahr einer Umgehung der Stadt durch die eifersüchtigen Nachbarn wurde gebannt; die natürliche Gegebenheit Frankfurts als westdeutscher Mittelpunkt der Handelsstraßen setzte sich durch. 1840 fuhren die ersten Dampfzüge bis an den Rhein, seit 1848 erschloß die Main-Neckar-Bahn den deutschen Süden, 1852 öffnete die Main-Weser-Bahn den Zugang zum deutschen Norden. Schon 1880 wurde es notwendig, an Stelle der älteren Bahnhöfe vor der Gallusanlage den groß geplanten Hauptbahnhof zu bauen, der bis heute seiner Bestimmung zu dienen vermag. Schon seit 1826 verkehrten Dampfschiffe auf dem Main; mit der Rheinschiffahrtsakte von 1831 wurde der Anschluß an die größte deutsche Wasserstraße gesichert. Fast zur gleichen Zeit fand auch die Dampfmaschine in der Stadt Frankfurt Eingang. Der soliden Kapitalkraft des Frankfurter Bürgertums, die sich in einer großen Zahl von Privatbanken manifestiert hatte, und den neu hinzukommenden Aktien-Banken, deren erste, die Darmstädter Bank (1853) freilich außerhalb der Stadt entstanden ist, eröffnete sich ein weites Betätigungsfeld. Aber erst durch die Gewerbeordnung von 1864 und durch die unter kriegerischem Zwang erfolgte Einverleibung Frankfurts in den preußischen Staat ist der Weg zu großstädtischer Entfaltung und Ausbreitung der Kräfte frei geworden.

Die Grossstadt Frankfurt

In dem Zeitraume von 1871 bis 1914 hat sich eine Wandlung vollzogen, deren Tiefe und Ausmaß erst späterer Betrachtung ganz aufgehen wird. Im Zeichen von Industrie und Verkehr entstand die Großstadt Frankfurt; die Bevölkerungszahl wuchs von 90 000 auf 450 000 Einwohner! Die städtische Siedlung schob sich immer weiter in die ländliche Umgebung und gegen die in Konkurrenz stehenden Orte der nächsten Nachbarschaft vor. Durch planmäßige Eingemeindung kamen diese Vororte, darunter Bornheim schon 1877, das zur Industriestadt gewachsene, früher hanauische Dorf Bockenheim 1895, die aus einer alten Mainzer Burg und Zollstätte entstandene, durch ihre chemischen Werke bedeutend gewordene Stadt Höchst 1928 in den städtischen Verband Frankfurts. Durch weitere Eingemeindungen wurde dieser Prozeß bis in die neueste Zeit, zuletzt 1977 durch die Eingliederung von

Stadtansicht mit der „Mainlust“ (um 1860)

Bergen-Enkheim im Nordosten, in nachbarlichem Anschluß durch das daneben entstandene Industriegebiet fortgesetzt. — Große, planmäßige Wohnsiedlungen modernster Bauart entstanden im Norden des Stadtgebiets in der „Nordweststadt“ (ab 1968), sowie südlich des Mains auf dem Sachsenhäuser Berg der „Sonnenring“ (1975) und zwischen Niederrad und dem Stadtwald. Die Zahl der Bevölkerung erhöhte sich dadurch auf mehr als eine halbe Million. Vor allem aber hat sich mit diesen Ereignissen der gesamte Charakter der Stadt grundlegend gewandelt. Aus der reinen Handelshauptstadt früherer Jahrhunderte ist eine Stadt der Großindustrie geworden, deren Entwicklung wiederum für Handel und Verkehr einen gewaltigen Aufschwung bedeutet. Heute steht die chemische Industrie in Groß-Frankfurt an vorderster Stelle; neben ihr blühen die Metallindustrie und der Maschinenbau, die Elektroindustrie und die Lederindustrie, das graphische Gewerbe und die Lebensmittelproduktion.

Mit dem Gemeindeverfassungsgesetz vom 25. März 1867 erhielt Frankfurt einen Magistrat und eine Stadtverordnetenversammlung nach preußischem Muster. Während bisher alljährlich die Bürgermeister gewechselt hatten, wurden fortan die Oberbürgermeister für zwölf Jahre gewählt; sie bedurften der Bestätigung durch den König von Preußen. In dieser Tatsache zeigt sich der völlige Strukturwandel, den die Stadt infolge der Annexion von 1866 durchzumachen hatte. War sie jahrhundertelang ein Stadtstaat eigener Prägung gewesen, so mußte sie nun einem größeren Staatswesen sich unterordnen; hatte es bis dahin eine Frankfurter Geschichte als nicht unwesentlichen, selbständigen Beitrag zur Reichsgeschichte gegeben, so unterschied sich von da an das Frankfurter historische Geschehen nicht mehr wesensmäßig, sondern nur noch regional von demjenigen anderer Großstädte im Reiche. Dennoch hat Frankfurt bis zum heutigen Tage ein besonderes Gesicht behalten.

Völlig neue ungemessene Aufgaben gab es für die Stadtverwaltung. Es war Frankfurts großes Glück, daß in dieser Zeit ein Mann die Gestaltung seines öffentlichen, wirtschaftlichen und kulturellen Lebens in die Hände bekam, der alle Möglichkeiten zu ergreifen und zu verwirklichen verstand: Franz Adickes, Oberbürgermeister von 1891 bis 1912. Ihm dankt die Stadt auch die Erbauung des Osthafens (1912), der den großen Rheinschiffen die Fahrt bis nach Frankfurt und den Zugang zu einer künftigen Wasserstraße vom Rhein bis zur Donau erst möglich gemacht hat.

Höhepunkte in der Entwicklung ergaben sich mehr als je zuvor aus der Verkehrsbedeutung der Stadt. Den besten äußeren Ausdruck dafür bilden die Ausstellungen internationalen Charakters, die namentlich auf dem Ge-

Dr. Franz Adickes, Oberbürgermeister von 1891 bis 1912

biete der Elektrotechnik (1891) und der jungen Luftfahrtindustrie (Internationale Luftschiffahrtsausstellung = ILA, 1909) Zeugnisse des technischen Fortschritts in universalem Ausmaße ablegten. Der von den Stadtverordneten beschlossene und 1907 zur Ausführung gelangte Bau einer ständigen Festhalle für solche Zwecke und die Gründung einer Ausstellungs- und Festhallen-Gesellschaft bewiesen, daß auch in dieser Epoche der Frankfurter Geschichte die Unternehmungsfreudigkeit und der Weitblick des städtischen Bürgertums ungebrochen fortlebten. Der erste Weltkrieg hat die Entwicklung nur zeitweilig unterbrechen können. Schon 1919 knüpfte die Stadt durch Begründung einer neuen, jährlichen Einfuhrmesse an die alte Tradition der Frankfurter Messen an, die seitdem in ungeahntem Aufstieg wieder zu einem der wichtigsten Faktoren im deutschen und im internationalen Wirtschaftsleben geworden sind. In diesem Zusammenhang haben die neue Buchmesse und die Internationale Automobilausstellung der Stadt Frankfurt zu weltweiter Bedeutung verholfen.

Kulturelles Leben

Wenngleich der große Wandlungsprozeß des 19. Jahrhunderts in erster Linie das wirtschaftliche und politische Gesicht der Stadt umgeformt hat, so ist doch auch das geistige Leben Frankfurts in ständiger Fortentwicklung geblieben. Noch in reichsstädtischer Zeit liegt die Uraufführung von Schillers „Kabale und Liebe“ (1784). Goethes Mutter erlebte auf der Frankfurter Bühne den Beginn jener Klassiker-Aufführungen, die für das ganze Jahrhundert den Spielplan unserer Theater beherrscht haben. Der Fürstprimas Carl von Dalberg hat 1808 zur Belebung der allgemeinen Kultur- und Kunstpflege die Museumsgesellschaft gegründet, die sich später zur Trägerin des städtischen Konzertwesens gewandelt hat. Unter den zahlreichen, zumeist für wohltätige Zwecke bestimmten Stiftungen, die als ein hoher Beweis Frankfurter Bürgersinns zu gelten haben, dienen nicht wenige auch der Förderung geistigen und künstlerischen Lebens.

Das Städelsche Kunstinstitut entstand 1816 aus dem Vermächtnis eines angesehenen Bankiers, das Freie Deutsche Hochstift 1859 aus dem Bemühen Otto Volgers um eine erhöhte Volksbildung; ging aus jenem eine bedeutende Pflegestätte der deutschen bildenden Kunst hervor, so haben wir diesem die Wiedereinrichtung des Goethehauses zu danken. Noch auf Goethes Anregung entstand 1817 in Erinnerung an den großen Arzt und Forscher die Senckenbergische Naturforschende Gesellschaft. Der Freiherr vom Stein, der nach den Befreiungskriegen seinen winterlichen Wohnsitz in Frankfurt nahm, gründete hier im Jahr 1819 in Gemeinschaft mit angesehenen Bürgern die Gesellschaft für ältere deutsche Geschichtskunde zum Zwecke der Herausgabe der deutschen Geschichtsquellen des Mittelalters in dem großen Werk der Monumenta Germaniae Historica. Zu seinen ersten Mitarbeitern zählten die gelehrten Forscher Johann Karl von Fichard, Johann Friedrich Böhmer und der spätere Bürgermeister Thomas, denen wir auch die Erschließung der älteren Frankfurter Geschichte verdanken. Bürgerliche Vereinigungen nahmen sich der Pflege von Kunst und Wissenschaften an: der Physikalische Verein (1824), der Verein für Geographie (1836), die Gesellschaft für Frankfurts Geschichte und Kunst (1837) und der Kunstverein (1829). Alle diese Institutionen blühen bis zum heutigen Tage.

Dem offenen Sinn und der Gebefreudigkeit Frankfurter Bürger dankte der 1858 geschaffene Zoologische Garten seine Entstehung; er wetteiferte bald mit dem um fünfzehn Jahre älteren Berliner Zoo an wissenschaftlichem Ansehen und Beliebtheit. Zehn Jahre später führte die Erwerbung der Herzoglich Nassauischen Pflanzensammlungen aus Biebrich zur Begründung des von dem Gartenbaukünstler Heinrich Siesmayer in glücklichster Weise

Das Kurfürstenzimmer im Rathaus vor der Zerstörung

gestalteten Palmengartens, der in Deutschland seinesgleichen sucht.

Auf dem Gebiete des Schulwesens hat Frankfurt seit der Begründung der Musterschule durch Wilhelm Friedrich Hufnagel im Jahre 1804 vielfach befruchtend für die gesamtdeutsche Entwicklung gewirkt. In die Amtszeit des Oberbürgermeisters Adickes fällt die von ihm angeregte Reform der höheren Schulen nach den Bedürfnissen der verschiedenartigen neuen Berufsansprüche. Durch die Verbindung der seit 1881 städtischen Krankenanstalten, des Physikalischen Vereins und der Senckenbergischen Naturforschenden Gesellschaft mit der aus Wilhelm Mertons Institut für Gemeinwohl entstandenen Akademie für

Die Französisch-Reformierte Kirche am Goetheplatz

Sozial- und Handelswissenschaften entstand die heutige Johann Wolfgang Goethe-Universität, eine zunächst rein städtische Gründung. Die jetzt staatlichen Hochschulen für bildende Künste und Musik, sowie eine große Zahl von Forschungsinstituten, wissenschaftlichen Anstalten und Museen, die Römisch-Germanische Kommission als ein Glied des Deutschen Archäologischen Instituts und das Frobenius-Institut für vergleichende Völkerkunde danken ihren Ursprung zumeist bürgerlichem Weitblick und privater Tatkraft.

Frankfurt ist also zu Unrecht immer wieder als eine lediglich vom Erwerbsgeist besessene, eine amusische Stadt getadelt worden. Auch der stattliche Reigen bedeutender Persönlichkeiten des geistigen und künstlerischen Lebens,

Die Stadtbibliothek (um 1830)

die seit Goethes Tagen in Frankfurt gewirkt haben, widerlegt ein solches Urteil. Wir vermögen hier nur einige Namen von allgemeinem Klang anzuführen.

Hölderlins Herzensgemeinschaft mit Susette Gontard und des alternden Goethe liebende Begegnung mit Marianne von Willemer, die uns herrlichste Blüten der deutschen Lyrik beschert haben, stehen am Beginn. Clemens Brentano und Bettina von Arnim sind hier geboren und immer mit Frankfurt eng verbunden geblieben. Gutzkow und Börne vertraten den Geist politischer Erneuerung und Freiheit, der ebenso in den Werken des Heimatdichters Friedrich Stoltze, wie in der publizistischen Wirkung des Begründers der Frankfurter Zeitung, Leopold Sonnemann, weiterlebt. Unter den Jüngeren haben besonders Binding, Presber und Paquet sich einen weiten Leserkreis erobert. Wie Hölderlin, so sind auch der Schöpfer der neueren, dialektischen Philosophie Hegel und der Begründer der modernen Geographie Karl Ritter, Hauslehrer in angesehenen Frankfurter Familien gewesen. Arthur Schopenhauer verlieh der Philosophie des deutschen Idealismus Kantischer Prägung einen durch Genialität des Blicks und Klarheit gekennzeichneten neuen Ausdruck.

Aus Quellen des Frankfurter städtischen Archives schöpfte Ranke den Stoff für seine Darstellung zur Reformationsgeschichte. Johannes Janssen schrieb hier seine Geschichte des deutschen Volkes im Mittelalter aus katholischer Sicht. Die Frankfurter Geschichte fand würdige Vertreter in Kirchner und Fichard, in Kriegk, Horne, Schwemer, Bothe und anderen.

Der Erfinder des elektrischen Telegraphen, Soemmerring, und der Erfinder der Schießbaumwolle und der Sicherheits-Zündhölzer, Boettger, haben lange in Frankfurt gelebt; der Physiker Philipp Reis führte hier im Physikalischen Verein erstmals das von ihm erfundene Telephon öffentlich vor.

Reiche naturwissenschaftliche und archäologische Ausbeute brachte Rüppell aus Afrika. Der Arzt Heinrich Hoffmann, als Verfasser des Kinderbuches „Struwwelpeter" bekannt und beliebt, begründete eine erste Anstalt für Epileptiker und Geisteskranke. Paul Ehrlichs Andenken lebt in den von ihm geschaffenen Instituten für Serumforschung und Chemotherapie fort. Einzigartige ethnographische Schätze kamen durch Frobenius aus fernen Kontinenten nach Frankfurt.

Nicht minder stattlich als die Schar der Gelehrten ist die der Künstler. Dem Maler Philipp Veit als Leiter des Städelschen Kunstinstituts danken wir die Anregung zur Ausschmückung des großen Römersaals durch Bildnisse der alten deutschen Kaiser, an deren Stiftung und Ausführung alle deutschen Gaue mitgewirkt haben. Unter den Künstlern, die aus dem Städelschen Institut hervorgegangen sind, oder ihm eng verbunden waren, seien Rethel,

Das alte Stadttheater

Schwind und Passavant, Steinle, Eysen, Reiffenstein und Scholderer genannt. Der Frankfurter Anton Burger gründete die Malerschule im nahen Kronberg. Nicht weniger als vier Träger des Namens Morgenstern haben hier gelebt und die Frankfurter Sammlungen auch durch Schilderungen der heimischen Umwelt bereichert. Nachbarschaftlich und freundschaftlich verbunden wirkten Hans Thoma und Wilhelm Steinhausen in der Wolfsgangstraße. Mit Fritz Boehle und Max Beckmann reicht die Schar bedeutender Maler bis in die neueste Zeit.

Der Kupferstecher Delkeskamp setzte in seinen Panoramen die Meriansche Tradition glücklich fort; ein malerischer Plan von Frankfurt vermittelt uns das Bild der Stadt kurz vor der Besitzergreifung durch Preußen.

Eduard von der Launitz, ein Schüler Thorwaldsens, schuf das Frankfurter Gutenberg-Denkmal auf dem Roßmarkt. Von Bildhauerwerken des 19. Jahrhunderts bewundern wir außerdem noch das Schiller-Denkmal Johannes Dielmanns, den Lachhannes von Zwerger, die Porträtbüsten Schopenhauers und Stoltzes von Schierholz, des Historikers Kirchner und des Stadtgärtners Rinz von Petry im Anlagenring, den jetzt auch das wiederhergestellte Goethedenkmal des Münchener Erzgießers Schwanthaler schmückt. Der feinsinnige Medaillenschneider Friedrich August von Nordheim war an der Neugestaltung des Marienportals am Dome beteiligt. Gustav Kaupert, langjähriger Lehrer am Städel, formte die Büste Lessings vor der Stadtbibliothek, die jetzt auch ihren Platz in dem Anlagenring gefunden hat.

Den Grüngürtel zieren als neue Schöpfungen das Beethovendenkmal und das Heinedenkmal von Georg Kolbe, der auch den monumentalen Ring der Statuen im Rothschildpark geschaffen hat, sowie das den Opfern unserer Zeit gewidmete Gedächtnismal von Benno Elkan.

Am Hoch'schen Konservatorium wirkten die großen Musiker Joachim Raff, Clara Schumann, die Witwe Robert Schumanns, Julius Stockhausen und Engelbert Humperdinck, dessen Oper „Hänsel und Gretel" hier entstanden ist. Durch die Pflege des Chorgesangs, die in dem Deutschen Sängerfest von 1838 ihren ersten großen Ausdruck fand, stand Frankfurt an der Spitze dieser Kunstgattung innerhalb Deutschlands. Die Namen seiner großen Chordirigenten und Komponisten — Schelble, Neeb und Rühl — sind bis in unsere Tage lebendig geblieben. In Frankfurt ist auch Paul Hindemith, einer der großen Bahnbrecher und Künder eines neuen Musikstils, aufgewachsen.

Das Gesicht der inneren Stadt hat den Wandel aller Stil- und Zeitformen mitgemacht, ohne daß der Eindruck eines harmonisch gewachsenen Körpers wesentlich beeinträchtigt worden wäre. Um den Kern herum entstanden aus dem Bedürfnis von Repräsentation, Handel und Verkehr manche prächtige Neubauten. Das von dem Fürsten von Thurn und Taxis als Generalerbpostmeister des Reiches um 1735 nach Plänen des Versailler Architekten De Cotte erbaute Palais in der Eschenheimer Gasse war im 19. Jahrhundert ein würdiger Sitz der hohen Deutschen Bundesversammlung. Architekten französischer Herkunft waren auch Nicolas Pigage, der Erbauer des vornehmsten Frankfurter Hotels an der Zeil, des Russischen Hofs, und Salins de Montfort, der eine Reihe schöner Privatbauten und Gartenhäuser geschaffen hat.

Nachdem die alte Barfüßerkirche 1786 wegen Baufälligkeit abgebrochen werden mußte, wurde an ihrer Stelle die Paulskirche nach einem Entwurf des Stadtbaumeisters Liebhardt durch die Stadtbaumeister Hess — Vater und Sohn — nach Überwindung vieler Schwierigkeiten errichtet und 1833 fertiggestellt; ihr Ruhm blieb es, Sitz der ersten deutschen Nationalversammlung gewesen zu sein.

Zu den bedeutenderen architektonischen Schöpfungen des 19. Jahrhunderts gehören die noch erhaltene klassische Säulenvorhalle der 1944 zerstörten Stadtbibliothek von Hess, das alte Portal des Hauptfriedhofs von Friedrich Rumpf, der Wiederaufbau des 1867 abgebrannten Domes durch Denzinger, die Erbauung des Opernhauses durch Lucae, des Hauptbahnhofs durch Eggert, der Neuen Börse durch Burnitz und Sommer und des Hotels Frankfurter Hof durch Mylius und Bluntschli. Nach Plänen des Frankfurter Baumeisters Max Meckel wurde 1896-1900 die bis dahin schlichte Römerfassade unter Zufügung neugotischer Zierformen erneuert; die notwendige große Rathauserweiterung geschah nach 1900 durch von Hoven und Neher. Von den Bauten unseres Jahrhunderts mögen die

Blick vom Domturm nach Westen (vor 1943)

von Thiersch geschaffene Festhalle auf dem Messegelände, die mächtige Großmarkthalle Martin Elsässers und das repräsentative Verwaltungsgebäude der IG-Farben von Pölzig genannt sein.

Im Zeitalter der Weltkriege

Mit dem ganzen Preußen und Deutschland, dem es seit 1866 angehörte, hat Frankfurt auch die Schicksalsschläge auf sich nehmen müssen, die in der ersten Hälfte dieses 20. Jahrhunderts alles Leben unseres Volkes von Grund aus verwandelt haben.

Blick vom Rathausturm nach Osten (vor 1943)

Oberbürgermeister Adickes, schon schwer erkrankt, konnte noch die feierliche Eröffnung der Universität erleben (26. Oktober 1914), als bereits der Weltkrieg ausgebrochen war; er starb am 4. Februar 1915. Seinen beiden Nachfolgern, Georg Voigt (im Amt 1912-1924) und Ludwig Landmann (1924-1933) oblag die schwere, vielfach undankbare Aufgabe, Frankfurts Geschicke durch die Nöte der Kriegszeit und in Jahren mühevollen, aber stetigen neuen Aufstiegs zu steuern.

Noch einmal schienen sich im April und Mai 1920 Ereignisse zu wiederholen, die an die Schreckensjahre der französischen Revolution erinnerten. Als Truppen der jungen republikanischen Reichswehr zur Niederwerfung eines kommunistischen Aufstandes in das Ruhrgebiet einrückten, überschritten französische Bataillone die Grenze des vor den Toren der Stadt bis in ihre äußeren Vororte reichenden Mainzer Brückenkopfes. Am 6. April wurde Frankfurt besetzt. Handel und Wandel waren ohnehin durch die Absperrung gegen das besetzte westliche Deutschland schwer beeinträchtigt. Jetzt kamen wieder Einquartierungslasten, Unruhe und Bedrücktheit hinzu, ja es kam am 7. April zu einem blutigen Zwischenfall an der von fremdem Militär besetzten Hauptwache. Die Entwicklung der politischen Gesamtlage unter Mißbilligung des französischen Schrittes durch die Alliierten Frankreichs machte glücklicherweise nach sechswöchiger Dauer dieser letzten französischen Besetzung ein Ende.

Der Aufstieg der Zwanziger Jahre, der eine neue Blüte verhieß, wurde durch die allgemeine Wirtschaftskrise nach 1929 und durch die Entwicklung eines politischen Radikalismus unter nationalsozialistischen Vorzeichen jäh unterbrochen.

Die Umstellung der allgemeinen deutschen Politik seit 1933 auf ein System nationaler Absperrung gegen das Ausland und die Uniformierung aller Lebensbeziehungen im Innern mußte verhängnisvoll auf eine Stadt wirken, deren Element Weltweite und Persönlichkeitsgeltung war. Die auffälligste Erscheinung in diesem Prozeß war die unter stetig zunehmendem Druck sich vollziehende Ausmerzung des jüdischen Bevölkerungsteils, der in Frankfurt mehr als in irgend einer anderen deutschen Stadt in allen Bereichen des öffentlichen Lebens, der Wirtschaft und der Kultur seit der Emanzipation des 19. Jahrhunderts zu bedeutendem Einfluß gekommen war. Das Verhängnis des großen Krieges ist dann in den Jahren 1943 bis 1945 auch über unsere Stadt hereingebrochen. Von dem Bilde der alten Reichsstadt mit ihren winkligen malerischen Gassen ist wenig übrig geblieben. Werke der Technik und Schöpfungen des Geistes verfielen dem gleichen ungeheuren Wirbel der Vernichtung.

Das neue Frankfurt

Eine neue Generation ist seit dieser Katastrophe herangewachsen. Das junge Geschlecht, fast unberührt von den vergangenen Schrecknissen, hat in Gemeinschaft mit den älteren Überlebenden das große Werk des Wiederaufbaus gestalten müssen und dürfen. Dabei ist von Jahrzehnt zu Jahrzehnt deutlicher geworden, daß es mit der Beseitigung der Kriegsfolgen keineswegs sein Bewenden haben konnte. In der Tat bedeutet die jüngste Epoche der Frankfurter Geschichte eine in solcher Weise kaum vorauszuahnende Neugestaltung des ganzen Lebens. Der Prozeß der Umwandlung, in welchen die Stadt hineinwuchs, ist bis zum heutigen Tage nicht abgeschlossen. Der ungelösten Probleme sind genug übriggeblieben. Es wäre vermessen zu übersehen, wie sehr die Entwicklung noch im Fluß ist. Aber gerade dieser Umstand erklärt auch die ebenso schöpferische wie oftmals besorgniserregende Unrast, die das öffentliche wie das private Dasein der Menschen in unserer Stadt kennzeichnet. Gewiß, Frankfurt teilt diese Erfahrung mit anderen großen Städten Deutschlands. Doch hat es, wie zu allen Zeiten, seine besonderen Wesenszüge, in denen sich alte und neue Elemente überlagern, durchkreuzen, auseinander- und zueinander streben.

Schon in der, von den Siegermächten ohne allzugroßes Wissen von der gewachsenen Eigenart deutscher Stämme und Landschaften in Gang gesetzten Neuregelung des politischen Lebens beginnt auch für Frankfurt ein neuer Weg und eine entscheidende Wendung. Eingegliedert in ein Land Groß-Hessen, zu dessen Hauptstadt das nassauische Wiesbaden erhoben wird, kann doch die Stadt Frankfurt, so wenig wie in allen früheren Epochen ihrer Geschichte, eine „hessische Stadt“ im eigentlichen Sinne genannt werden. Sehr bald zeichnet sich ihre Besonderheit schon darin ab, daß von ihr aus die Bemühungen zur Schaffung eines neuen deutschen Bundesstaates durch die Verbindung der bisher getrennten Besatzungszonen des Westens einen Anfang nehmen. Es hätte nahe gelegen, daß die Stadt nach der Zerschlagung Preußens und der faktischen Abtrennung der östlichen Besatzungszone mitsamt der alten Reichshauptstadt Berlin in ihrer zentralen Lage zur Hauptstadt der neuen Bundesrepublik bestimmt worden wäre. Rheinländische regionale Besonderheiten haben dazu geführt, daß statt ihrer der Stadt Bonn die Aufgabe zugefallen ist, als Sitz des Bundesparlaments, der Bundesregierung und der meisten großen zentralen Bundesbehörden fortan Ruhm und Tadel einer Bundeshauptstadt auf sich zu nehmen. Diese Entscheidung war für Frankfurt nicht leicht zu tragen; sie hätte zu einer dauernden Enttäuschung und Gekränktheit Anlaß bilden können. Daß es dazu nicht gekommen ist, verdankt die Stadt der Einsicht ihrer aufmerksamen, politisch und wirtschaftlich weitschauenden Bürger unter der klugen Führung ihres ersten großen unvergessenen Oberbürgermeisters der Nachkriegszeit, Walter Kolb.

Ganz bewußt ist dabei schon bald nach der beginnenden Überwindung der Kriegsfolgen die planmäßige Ausgestaltung Frankfurts zu einem Zentrum des deutschen Wirtschaftslebens unter der dynamischen Leitung von Bürgermeister Dr. Walter Leiske in Angriff genommen worden. In zwei Erscheinungsformen ist seitdem die Entwicklung besonders zutage getreten: in dem Ausbau des Verkehrsnetzes und in den der zentralen Lenkung des Wirtschaftslebens dienenden Einrichtungen von Handel, Bank- und Börsenwesen. Daraus ergab sich logisch die Einbeziehung von Bundes-Zentralbehörden in Frankfurt: des Bundesrechnungshofes (1953) und der Bundesbank (1969), gleichsam als Korrektur zur Verlegung der sonstigen Organe der Bundesregierung nach Bonn.

Alle diese Bestrebungen liefen bereits an, während die Bewältigung ungeheurer Trümmermassen aus dem Luftkrieg im Gange war, die in vorbildlichem Zupacken weitester Kreise der Bürgerschaft begonnen hatte.

Erste Voraussetzung war die Wiederherstellung des innerstädtischen Straßenwesens, an deren Beginn der Wiederaufbau der zerstörten Mainbrücken und die Schaffung neuer, den Anforderungen des modernen Verkehrs genügender Durchgangsstraßen stand. Eine neue West-Ost-Verbindung entstand, die es in solcher Form nie zuvor gegeben hatte, die am nördlichen Rande der Altstadt, unmittelbar hinter der Paulskirche und unweit von Dom und Römer verlaufende Berliner Straße. Der Ausbau der schon vorhandenen Ringstraßen und ihrer Anschlüsse aus allen Himmelsrichtungen schuf erst die Möglichkeit, dem Fernverkehr die nötigen Ein- und Ausfahrten der werdenden Metropole zu öffnen. Dadurch wurde auch die Einbindung Frankfurts als Kreuzungspunkt in das schon vorhandene und sich erweiternde Netz der deutschen Autobahnen bewirkt, deren Einzugsbereich über Tausende von Kilometern weit über die Bundesrepublik hinausgreift.

Mit dem Straßenbau gleichzeitig wurde das bestehende Schienennetz erneuert, planvoll ergänzt und in seinen besonderen Funktionen erweitert. Dazu gehört zuerst der innerstädtische Verkehr, zu dessen Bewältigung mehrere U-Bahnlinien geschaffen wurden, deren erste 1968 in Betrieb genommen werden konnte, und deren das ganze Stadtgebiet umfassende Linienführung in stetigem Fortschreiten ist. Diese innerstädtischen Einrichtungen fanden und finden ihre direkte und notwendige Ergänzung in einem die gesamte Umlandregion Frankfurts erschließenden Netz von Vorortbahnen. Erst sie haben es möglich gemacht, daß nun täglich viele Tausende von Menschen, deren Wohnsitz außerhalb der Stadt liegt, in die Stadt zu ihren Arbeitsplätzen fahren können. Die Fertigstellung

Das neue Gesicht von Frankfurt am Main

der dafür notwendigen Bauarbeiten großen Ausmaßes führte zu einer für die Menschen in der Innenstadt hoch erfreulichen Erleichterung. Über den geschlossenen Baugruben und in ihrer unmittelbaren Umgebung entstanden Fußgängerzonen. Von der Hauptwache und rings um die Katharinenkirche in Richtung Norden bis zum Opernplatz durch die sogenannte Freßgaß (1977); in südlicher Richtung bis zum Domplatz und dem Römerberg; entlang der

Aufnahme von Anselm Jaenicke im März 1977

Zeil bis vorerst zur Konstablerwache (1983). All dies ist noch im Fluß, und die damit verbundenen Aufgaben haben bisher noch nicht eine voll befriedigende Organisation des Ballungsraums Frankfurt erreicht; immerhin haben sie in der Bildung eines regionalen Umlandverbandes einen vorläufigen Abschluß gefunden.

Ein Zurück auf innerstädtische Verhältnisse unter fester Abgrenzung gegen das Umland ist nicht denkbar.

Denn Frankfurts Anziehungskraft und seine Ausstrahlung ist in diesem Zeitalter moderner Technik und neuer Wirtschaftsformen, sowie eines ringsumfassenden Verkehrs, über diese Grenzen hinausgewachsen. Das weithin sichtbare Zeichen für diese umwälzende Veränderung ist die neue Funktion Frankfurts als Mittelpunkt europäischen Luftverkehrs.

Der Beginn dieser Entwicklung reicht bis in die Jahre vor dem Ersten Weltkrieg zurück. Auf dem westlich der Stadt gelegenen, dem St. Katharinen- und Weißfrauenstift gehörenden „Rebstockgelände" wurde gemäß Vertrag zwischen der Stadt Frankfurt und der 1909 gegründeten „Deutschen Luftschiffahrts-AG." eine Luftschiffhalle erbaut, die am 4. März 1912 bei der festlichen Ankunft des Zeppelin-Luftschiffs „Viktoria Luise" eingeweiht werden konnte. Der weitere Ausbau zu einem Flughafen wurde aber erst nach 1919 möglich. Es erwies sich bald, daß das Gelände am Rebstock dafür nicht ausreichen würde. Die Gründung einer „Südwestdeutschen Luftverkehrs-AG" durch Oberbürgermeister Ludwig Landmann am 2. Juli 1924 führte dazu, daß ein neues Gelände südwestlich der Stadt durch Rodung des Waldes zu einem geräumigen Flughafen umgewandelt wurde. Im Mai und Juli 1936 konnte dort der Verkehr mit Luftschiffen und mit Flugzeugen aufgenommen werden.

Aber wiederum machte Krieg die vielverheißenden Anfänge zunichte. Tausende von Bomben gingen auf das Gelände nieder. Es galt daher, nach 1945 ganz von vorn wieder anzufangen. Das gelang nur unter großen Schwierigkeiten, weil die Betätigung von Deutschen im Flugwesen durch die Sieger noch auf Jahre untersagt blieb. Erst 1955 erhielt die Bundesrepublik Deutschland die Lufthoheit über ihrem Gebiet zurück; im gleichen Jahre nahm die neue „Deutsche Lufthansa" ihren Betrieb auf. Aber schon seit 1949 war auf Veranlassung von Oberbürgermeister Walter Kolb die Errichtung neuer Flughafengebäude in Angriff genommen worden, so daß der Aufnahme des Luftverkehrs keine technischen Hindernisse mehr im Weg standen. Die steigende Entwicklung des Luftverkehrs nötigte jedoch schon 1965 zur Planung einer weitaus größeren Anlage des Flughafens und seiner Empfangsgebäude. Im Zusammenwirken der Stadt Frankfurt mit der Bundesregierung und dem Lande Hessen entstand als „Terminal Mitte" der Rhein-Main-Flughafen Frankfurt, der am 14. März 1972 durch Bundespräsident Heinemann eingeweiht wurde. Mit über 10 Millionen Fluggästen im Jahr ist der Frankfurter Flughafen als ein Mittelpunkt des Weltluftverkehrs nach London und Paris an die dritte Stelle gerückt. Seine Aufnahmefähigkeit ist auf 30 Millionen Fluggäste jährlich berechnet. Im Luftfrachtverkehr steht er an erster Stelle überhaupt.

Ein so außerordentlicher Aufschwung konnte nicht ohne Auswirkung auf das innere Wesen und das Bild der Stadt Frankfurt bleiben. Die neuen Formen des Verkehrs und der Wirtschaft erforderten auch die Schaffung neuer, den gewachsenen Ansprüchen angemessener Einrichtungen und Bauten. Der damit ausgelöste Vorgang erstreckt sich auf alle Gebiete des Lebens. Er findet seine Parallelen in allen Städten unseres Landes, ja der ganzen zivilisierten Welt. In Frankfurt jedoch tritt er in einer die zentrale Bedeutung der Stadt kennzeichnenden Gestalt durch die Errichtung eines Kranzes von Hochhausbauten der führenden deutschen und ausländischen Banken besonders in Erscheinung. Wer früher, auf einer der oberen Mainbrükken stehend, das „Antlitz der Stadt" bewunderte, für den überragte allein der alte Kaiserdom die Dächer, neben ihm und unter ihm ordneten sich die anderen Kirchen der Innenstadt und die Giebel und Türme des Rathauses ein; von der Ferne grüßten die Höhen des Taunus freundlich herüber. Wer heute an der gleichen Stelle das Bild der

Stadt anschaut, für den ist der innere Raum des alten Frankfurt durch diese Bauriesen abgeriegelt, die sich im Westen davorgelagert haben. Man mag diese Verwandlung als notwendig und der Zeit gemäß betrachten. Aber für den „alten Frankfurter“ ist der Schmerz um das verlorene Bild nicht minder verständlich.

Verändert ist aber auch das Aussehen der inneren Stadt. Die Spuren, die der Krieg in ihr hinterlassen hat, waren so tief, daß niemand daran hätte denken können, das Alte wie es war wiederherzustellen. Dennoch ist bei dem Wiederaufbau, der sich auf die wichtigsten Elemente beschränkte, das Bild der Stadt in wesentlichen Zügen erhalten geblieben. Der Römer, Frankfurts altes Rathaus, hat sein vertrautes Gesicht wiederbekommen. Seine unteren Gewölbe sind fast unverändert erhalten. Der Kaisersaal, der so viele große Ereignisse gesehen hat, wurde so wiedererrichtet, wie ihn das 19. Jahrhundert mit dem Schmuck seiner Kaiserbilder geprägt hat. Die übrigen Räume freilich sind den Bedürfnissen der lebenden Verwaltung entsprechend neu gestaltet worden.

Der St. Bartholomäusdom, der alte „Kaiserdom“, ragt wieder über die vormalige Altstadt empor. Das Problem der Bebauung zwischen Dom und Römer harrt noch immer einer befriedigenden Lösung. Dom und Römer im Osten und Westen, das Steinerne Haus im Norden und die Alte Nicolaikirche am südlichen Ausgang des Römerbergs rahmen als Zeugen der vergangenen Jahrhunderte diesen weiten Platz ein. Das Technische Rathaus neben dem Dom in seiner, dem Ganzen gut eingegliederten Gestalt, gibt eine neue belebende Dominante. Ein wenig weiter abseits am Mainufer ist die St. Leonhardskirche, deren Inneres romanische mit spätgotischen Formen verbindet, schon bald nach Kriegsende wiedererstanden. Am Rande der Innenstadt, in dem eigentlichen Verkehrszentrum, wurde die Hauptwache in ihrer ursprünglichen Gestalt nach Fertig-

Bundespräsident Professor Theodor Heuß geleitet Professor Albert Schweitzer bei der Feier der Friedenspreis-Verleihung an Thornton Wilder am 6. Oktober 1957 in die Paulskirche

stellung des unter ihr liegenden zentralen U-Bahnhofs getreu wieder aufgebaut. Die Katharinenkirche, ihr gegenüber am Eingang zur Zeil, hat ihre äußere Erscheinung bewahrt; das Innere konnte so, wie es zu Goethes Zeiten war, nicht wiedererstehen; es ist zu einem guten Beispiel neuer kirchlicher Architektur umgewandelt worden. An der großen Ausfahrtstraße nach Norden steht inmitten des brodelnden Verkehrs der alte Eschenheimer Turm unverändert. Auch die weit draußen vor der Innenstadt liegenden Türme der Friedberger Warte, der Bockenheimer Warte, der Galluswarte und der Sachsenhäuser Warte sind erhalten geblieben. Erhalten blieb auch das geräumige Deutschordenshaus vor der Alten Brücke am Eingang zu Sachsenhausen. In diesem alten Stadtteil sind sogar einige alte Straßenzüge unversehrt geblieben; in ihnen sind die weit über Frankfurt bekannten Apfelweingaststätten zuhause.

Das Deutschordenshaus ist heute Sitz des Kulturdezernats der Stadt. Seine Träger, in Gemeinschaft mit weitesten Kreisen der Bürgerschaft, haben in den seit Kriegsende verflossenen Jahrzehnten das breit gefächterte Kulturleben Frankfurts wiederbelebt und die Stadt erneut zu einem deutschen Zentrum der Künste, der Wissenschaften und der allgemeinen Volksbildung erhoben. Museen, Theater und Konzerte erleben in unserer Zeit eine neue Blüte.

Auch die Alte Oper ist dank der beharrlichen Spendenfreudigkeit Frankfurter Bürger nach vielen Bedenken wieder erstanden. Die Schwierigkeit lag besonders an der Neugestaltung des völlig zerstörten Innenraumes, während die Wiederherstellung des zu den schönsten Bauwerken gehörenden äußeren Bildes verhältnismäßig leichter möglich wurde. Es war von Anbeginn klar, daß die Alte Oper nicht mehr als Oper im eigentlichen Sinn würde Verwendung finden können. So entstand der Plan, den geräumigen Bau zu einem großen Konzertsaal und Kongreßzentrum für vielfältigste Zwecke und mit geeigneten, kleineren Sälen und Nebenräumen umzuwandeln. Alle lange gehegten Widerstände wurden überwunden, und am 28. August 1981 konnte die feierliche Einweihung stattfinden. Es darf heute mit Genugtuung behauptet werden, daß die neue „Alte Oper“ (die ihren Namen behielt) für Frankfurts inneres Wesen wie für seine internationale Bedeutung sich bewährt.

Die eigentliche Oper und das städtische Schauspiel sind in dieser Epoche zu einem monumentalen Doppelbau am Platze des früheren Schauspielhauses, dem jetzigen Theaterplatz, zu neuem Ansehen, ihren besonderen Zwecken gemäß, gekommen.

Ganz erneuert und wesentlich bereichert wurden die Gebäude des Städelschen Kunstinstituts, einer der wertvollsten Sammlungen alter und neuer Malerei, das nahegelegene Liebieghaus mit Plastiken von der Antike bis in die Renaissance und das neben der Universität neugestaltete Naturmuseum Senckenberg. Das Historische Museum bekam einen Neubau nahe dem Römerberg hinter der Alten Nicolaikirche. Das Stadtarchiv hat im ehemaligen Karmeliterkloster ein neues, seinen Anforderungen angemessenes Domizil bekommen. Das im alten Holzhausenschlößchen untergebrachte Museum für Vor- und Frühgeschichte hat unmittelbar vor dem Dom die gelungenen Ausgrabungen von der Römerzeit über die karolingische Pfalz bis in das Mittelalter zu einem archäologischen Garten gestaltet. Das Museum für Kunsthandwerk und das Völkerkundemuseum, beide am Schaumainkai gelegen, zeigen wechselnde Ausstellungen. Am Schaumainkai, nahe dem Städel, liegt auch das Bundespostmuseum.

Am Schluß dieser Schilderungen soll zweier Bauwerke gedacht werden, die gleichsam symbolisch von Wert und Wesen unserer Stadt Frankfurt zeugen. Sie sind als die ersten nach dem Ende der Schreckensjahre wiederaufgebaut worden: die Paulskirche und das Goethehaus.

Zum Gedächtnis der Deutschen Nationalversammlung von 1848 übergab Walter Kolb am 18. Mai 1948 die neue, äußerlich unveränderte, innen zu einem hohen festlichen Raum, ohne die früheren Emporen, ausgestaltete Paulskirche ihrer neuen Bestimmung als ein Mahnmal zu deutscher Freiheit und deutscher Einheit. Der Dichter Fritz von Unruh erhielt dabei den Goethepreis der Stadt Frankfurt am Main. In der Paulskirche wird auch die Verleihung des Friedenspreises des deutschen Buchhandels an hervorragende Persönlichkeiten aus aller Welt anläßlich der nach dem Kriege wiedererstandenen Frankfurter Buchmesse vollzogen. Einer der ersten unter ihnen war Albert Schweitzer.

Am 12. April 1960 erhielt der Direktor des Freien deutschen Hochstifts und des Frankfurter Goethemuseums, Ernst Beutler, den Goethepreis der Stadt Frankfurt. Ihm war der getreue Wiederaufbau des im Kriege zerstörten Goethehauses zu verdanken, den er trotz aller äußeren und inneren Widerstände durchzusetzen vermochte. „Seine Bücher und Schriften“, so heißt es in der Verleihungsurkunde, „haben durch ihre Wärme, Tiefe und Schlichtheit viele Menschen unserer Zeit zu Goethes Werk hingeführt: sie sind die schönste Ausstrahlung seines Wesens, dessen Güte und Weite dem Goethe'schen Geist Freunde in aller Welt erobert hat.“ In dem Goethehaus besitzt Frankfurt eine Stätte von weltweiter Anziehungskraft. Alljährlich besuchen ungezählte Scharen dies Kleinod. Das Freie Deutsche Hochstift aber, als Hüter des Hauses und des Museums, trägt die geistigen Werte im Gedenken an den größten Sohn unserer Stadt in die Welt hinaus. So ist auch das Goethehaus zu einem Symbol Frankfurter Lebens geworden.

Die Hochkommissare MacCloy und François-Poncet
mit dem Bundespräsidenten Professor Heuß und dem Oberbürgermeister
Dr. Kolb in Goethes Arbeitszimmer

Die Erinnerung an Frankfurts größten Sohn hat nicht wenig dazu beigetragen, daß auch das Bild seiner Vaterstadt weit über sie hinaus in Europa und in der ganzen zivilisierten Welt bekannt geworden ist. Die zahlreich gegründeten „Goethe-Institute" in aller Welt als Keimzellen für die deutsche Sprache und Kultur haben dazu ihren dauerhaften Einfluß gewonnen.

In diesem Zusammenhang darf darauf hingewiesen werden, daß auch das leidenschaftliche Bemühen um Aussöhnung des deutschen Volkes mit Gegnern aus verflossenen, zum Teil weit zurückliegenden Epochen, zu einem guten und glücklichen Gelingen geführt hat. Dafür zeugen in erster Linie die zwischen der Stadt Frankfurt und ihren wichtigsten Nachbarländern geschlossenen Partnerschaften.

Den Anfang dazu bildete schon im Oktober 1949 die in Paris gezeigte Ausstellung des französischen Nationalarchivs über „Goethe en France“, zu welcher das Frankfurter Goethehaus und das Stadtarchiv Frankfurt Originaldokumente beigesteuert hatten.

Eine erste Partnerschaft entstand nach den Plänen der Oberbürgermeister Werner Bockelmann und Louis Pradel 1960 bis 1962 in Lyon und in Frankfurt mit beiderseitigen Bestrebungen und Darbietungen. Die zwischen den beiden Städten nach sorgfältiger Ausarbeitung entstandenen Verbindungen wirtschaftlicher, kultureller und persönlicher Art haben sich nun schon länger als zwei Jahrzehnte bewährt. Dieser Beginn fand seine sinngemäße Fortführung in dem Entstehen weiterer Partnerschaften Frankfurts mit den Städten Birmingham (1966), Mailand (1970) und Tel-Aviv (1981).

Wenden wir uns jedoch nach diesem Ausblick in die Weite noch einmal dem innersten Kern der Stadt Frankfurt zu. Wie schon geschildert (S. 143—144), blieb der innerste Kern der ehemaligen Altstadt über drei Jahrzehnte nach seiner Zerstörung durch die furchtbaren Luftangriffe des Krieges, von Randbebauungen im Norden und Süden abgesehen, in einem provisorischen Zustande. Der Blick vom Römer bis zum Dom war freigelegt, er entbehrte nicht eines herausfordernden Reizes. Aber die Gewißheit, daß die alten, winkligen Gassen in ihrer ursprünglichen Gestalt nicht wieder aufgebaut werden könnten, ließ die Gedanken an eine pietätvolle Neugestaltung nicht zur Ruhe kommen.

Es ist dem Eintritt einer neuen Ära der Frankfurter Stadtverwaltung unter der entschlossenen Führung von Oberbürgermeister Dr. Walter Wallmann zu verdanken, daß die Verwirklichung solcher Absichten gegen Ende der 70er Jahre in Angriff genommen wurde. Dazu gehörte neben der Wiederherstellung des dem Dom benachbarten Leinwandhauses als eigentliche Hauptaufgabe die dem alten Zustande des Römerbergs getreulich nachzubildende Ostfassade des Platzes, des sogenannten Samstagberges, zwischen dem Haus zum Engel und dem Schwarzen Stern.

Wer heute, sei es vom Paulsplatz, sei es vom Main her, über den Römerberg seinen Weg nimmt, darf sich freuen, das altvertraute Gesicht dieses historischen Kernes der Stadt Frankfurt zu erblicken; für die Alten eine liebe Erinnerung, für die Jungen eine Vorstellung von der Stadt Goethes, seiner Vorfahren und seiner Nachkommen bis zum Ende des Krieges.

Wir beschließen unseren Gang durch die Geschichte Frankfurts in der tiefen Hoffnung, daß keine schlimme Gewalt mehr über uns hereinbrechen möge und daß das künftige Geschick unserer geliebten Stadt Frankfurt und ihrer Bewohner in Frieden bewahrt bleiben und sich weiter entwickeln möge.

Register

Stadtwappen 1695

markt
A
A
B
Hirsch
8